Ullstein Sachbuch

ÜBER DAS BUCH:

Atze fährt ab aufs *ALDI-Roulett*. Lee steht auf *Bellende Spaghetti*, und Luntrus schwört auf *Zerquetschte Bärentatze*. Danach werden die Jungs aus der Rocker-WG immer ganz wild, vor allem, wenn Angie, das Busenwunder, mit von der Partie ist. Und damit nicht nur diese harten Burschen wissen, wie man abenteuerlich, preiswert und blitzschnell kochen und speisen kann, gibt es dieses Buch. Rezepte unbedingt ausprobieren und vor allem vorher die Stories dazu lesen! Die sind brandheiß!

DER AUTOR:

Klaus-Peter Wolf lebt als »freier Geschichtenerzähler« im Westerwald. Sein Rockerroman »Frikadellen und Dosenbier« löste bei Erscheinen in der literarischen Welt einige Verstörung aus, machte seinen Autor aber auf Anhieb bekannt. Mittlerweile gilt KPW als Spezialist für Mädchenhandel. Nur auf dem Buchsektor, versteht sich.

Klaus-Peter Wolf

Ketchup Rider

Ein Rocker-Kochbuch

Mit Illustrationen
von Ari Plikat

Ullstein Sachbuch

Ullstein Sachbuch
Ullstein Buch Nr. 34676
im Verlag Ullstein GmbH,
Frankfurt/M – Berlin

Originalausgabe

Umschlagentwurf:
Hansbernd Lindemann
Umschlagillustration:
Ari Plikat

Printed in Germany 1991
Gesamtherstellung:
Presse-Druck Augsburg
ISBN 3 548 346766

3. Auflage Februar 1991

CIP-Titelaufnahme
der Deutschen Bibliothek

Wolf, Klaus-Peter:
Ketchup Rider : ein Rocker-Kochbuch/
Klaus-Peter Wolf. Mit Ill. von Ari
Plikat. – Orig.-Ausg., 3. Aufl. –
Frankfurt/M ; Berlin : Ullstein, 1991
(Ullstein-Buch ; Nr. 34676 :
Ullstein-Sachbuch)
ISBN 3-548-34676-6
NE: GT

Dieses Rocker-Kochbuch widme ich dem genialen Punkkoch Uwe Köwitsch, der es versteht, mit ein paar Pfennig und viel Phantasie aus Abfällen ein köstliches Mahl für eine gigantische Freßorgie zu zaubern.

INHALT

Hallo Alter,

du hast Klaus-Peter Wolfs Rocker-Kochbuch gekauft.

Herzlichen Glückwunsch.

Okay, die Haute Cuisine ist das nicht gerade, aber davon wird einer wie du ohnehin nicht satt.

Die »Gesünder-Leben-Freaks« kriegen Tränen in den Augen, wenn sie dich mit deinem neuen Kochbuch sehen. Aber du weißt, was hier drin steht, das macht echt satt. Und es schmeckt tierisch gut. Von jetzt an kannst du es selbst zusammenbrutzeln, ohne Mamis Ratschläge und ohne Papis Geld. Es paßt zu dir, dein Rocker-Kochbuch, zu dir und deiner Maschine und zu einer Dose Bier.

Für Wolfs Rockergerichte brauchst du keine Einbauküche und erst recht keine Körnermühle! Keine Schneebesen und keine Schüsselchen. Keine Meßbecher und keine verchromte Küchenzange. Keine Geflügelschere und keinen Backofen. Vorkenntnisse brauchst du erst recht nicht.

Eine Pfanne, ein Topf, ein Gaskocher und ein Messer reichen völlig aus.

Du kannst damit jederzeit, überall, für beliebig viele Personen und fast ohne Geld loslegen.

Das teuerste Rockergericht kostet knapp zwei Mark pro Nase, und die billigsten liegen weit unter fünfzig Pfennig. Trotzdem wird hier gespeist, und wie!

Nudelgerichte

Einfachste Zubereitung
– mit hervorragender Wirkung –,
auch für völlige Nichtskönner und
Küchenunkundige bestens geeignet.
Man kann kaum was falsch machen.
Kostenaufwand pro Person
knapp eine Mark.

DIE VORBEREITUNG DER KRIEGER AUF DAS GROSSE KAMPFTRINKEN

auch »Das große Besäufnisfressen« genannt

Ich wohnte noch mit Fetzer, Atze und Luntrus in einer Junggesellen-Wohngemeinschaft – stolz »unsere WG« genannt –, als meine Magenwände zum erstenmal mit der *VORBEREITUNG DER KRIEGER AUF DAS GROSSE KAMPFTRINKEN* in Berührung kamen. Seit dieser denkwürdigen Begegnung verlor ich bei ähnlichen Anlässen nie wieder meine Siegesgewißheit.

Als der Medizinstudent Frank N. Furter zu uns zog (der später ein bekannter Gesichtschirurg wurde), lieferte er nachträglich die wissenschaftlich exakte Begründung, warum wir nach dem Essen einige Whiskys mehr vertragen konnten als alle anderen.

Angeblich lag es am Öl. Es verhinderte nämlich, daß der Alkohol in unseren Körpern zu rasch abgebaut wurde.

Die Thekenfußballmannschaft der Nachbarkneipe hatte uns zum Kampftrinken herausgefordert (allesamt üble Alkis). Es hatte einen handfesten Streit gegeben – worum es ging, wußte keiner mehr so genau, aber die Ehre unserer Junggesellen-Wohngemeinschaft mußte verteidigt werden.

Das Whiskyduell begann um 20 Uhr. Um 19 Uhr baggerten wir uns mächtige Portionen von der *VORBEREITUNG DER KRIEGER AUF DAS GROSSE KAMPFTRINKEN* rein.

Um 22 Uhr, als die Thekenfußballer schon blaß und mit glasigen Augen vor jedem neuen Whisky rülpsten und verdächtig zur Toilettentür schielten, standen wir noch fröhlich gerade und gewannen trink- und sangesfreudig das Duell mühelos.

Als die anderen schon längst geschlagen in den Betten schlummerten, gingen wir zu Süffigerem über: zu Bier.

Du brauchst:

pro Person mindestens
100 g Spaghetti
2 Knoblauchzehen
1 Schnapsglas Olivenöl (ohne Per)
jede Menge Petersilie
mindestens eine getrocknete
Chilischote
(Hardliner entsprechend mehr)

Spaghetti in Wasser gar kochen, wie lange, steht auf der Packung. Vor dem Kochen einen Schuß vom Olivenöl in das Wasser, damit sie nicht zusammenpappen, und eine Fingerspitze Salz.
Wenn Spaghetti fertig, Wasser abgießen. In der Pfanne Öl heiß werden lassen, Knoblauch etwa eine halbe Zigarettenlänge lang dünsten, aber die Knoblauchzehen auf keinen Fall dunkel werden lassen. Chili dazu.
Fertig ist die Wahnsinnssoße.
Spaghetti rein – ordentlich Menge! Petersilie drauf, und sofort auf den Tisch damit.

Falls man nicht in Nachbars Garten ein frisches Sträußchen bekommt, ist die Petersilie das teuerste am Gericht.

Man kann statt dessen auch Löwenzahn oder Brennesselspitzen verwenden.

EIN MEERESUNGEHEUER STIRBT AM STRAND

Wir hatten bei gnadenlosem Sonnenschein mit den Motorrädern eine Verfolgungsfahrt zum Meer unternommen, mit Rodeo in den Dünen.

Während sich dann die Frauen die Brustwarzen anbraten ließen, übernahmen wir die Verantwortung für das Abendessen am Lagerfeuer, weil die umliegenden Restaurants ihre ledergebundenen Speisekarten mit Freudenhauspreisen ausgestattet hatten.

Was dort als Spaghetti serviert wurde, reichte möglicherweise einem Eichhörnchen als kleiner Happen zwischendurch. Wir hingegen wollten richtig was auf den Tisch bekommen. Schließlich verbraucht man bei einer Verfolgungsjagd nicht nur Sprit, sondern auch Kalorien. Wir versuchten wie Terence Hill in »Mein Name ist Nobody« zu fischen (mit dem Knüppel in der Faust und bis zum Bauchnabel im Wasser).

Für ein richtiges Mahl aus Meeresfrüchten versprach Gina uns einen Bauchtanz, und Bigi wollte »oben ohne servieren, wenn ihr dafür die Fische fangt, kocht und abspült«. Wer Ginas Bauchtänze kennt und Bigis Vorbau, der weiß: Wir hätten dafür mit bloßen Händen ein Meeresungeheuer erwürgt, aber es war eine schlechte Gegend für Meeresungeheuer.

Fetzer erwischte einen Weißfisch oder auch einen Hering – wer weiß... Jedenfalls war er so klein, daß er uns fast leid tat. Kurz bevor die Sonne unterging, rannte Mecki dann in den *ALDI* und besorgte ein paar Dosen Thunfisch und Nudeln.

Das Essen wurde zu einer Orgie, was nicht nur an Ginas Bauchtanz und Bigis Art zu servieren lag. (Fisch gibt ja dem Manne angeblich Kraft.)

Da wir die leeren Konservendosen vergraben hatten, erfuhren die Frauen nie, daß es hier im Meer überhaupt keine Ungeheuer gibt.

Ideal für Strandparties. Einfache Zubereitung mit großer Wirkung. Sämtliche zufällig gefangenen Fische können benutzt werden. Vorher Köpfe ab und Gräten raus!

Lediglich Quallen sind ungeeignet. Wer unser Meereswunder nicht mit frischem Fisch am Strand aus der Pfanne zaubern will, kann es zu Hause am besten und billigsten mit Thunfisch oder Ölsardinen aus der Dose nachahmen.

Du brauchst:

pro Person
mindestens 100 g Spaghetti
1 Zwiebel
1 Knoblauchzehe
1 Dose Thunfisch
1 halbes Schnapsglas Kapern,
falls vorhanden
ersatzweise 1 Banane oder Rosinen
1 kl. Dose Tomaten
oder 1 Tüte passierte Tomaten
Pfeffer, Salz, Oregano, Basilikum

Zwiebeln und Knoblauch kleinhacken und andünsten, Thunfisch dazu,
dann die Tomaten drauf und die Gewürze unterrühren. 10 Minuten sanft kochen lassen,
wenn die Soße zu dick wird, etwas Wasser dazu oder Rotwein. Kein Bier!

Atze verfeinerte das Strandessen angeblich stets mit der Asche einer guten, nicht gefilterten Zigarette, aber es geht auch ohne.

ALS LEE VORZEITIG AUS DEM KNAST ENTLASSEN WURDE

Kategorie: blitzschnelle Resteverwertung

ALS LEE VORZEITIG AUS DEM KNAST ENTLASSEN WURDE erfanden wir, wie der Name schon sagt, an dem Tag, *ALS LEE VORZEITIG AUS DEM KNAST ENTLASSEN WURDE*.

Niemand hatte im Traum damit gerechnet. Wegen guter Führung! Ausgerechnet Lee! Eine Gefängnisrevolte erschien uns wahrscheinlicher und hätte auch Lees Ansehen in der Szene nicht so sehr geschadet wie eine vorzeitige Entlassung wegen guter Führung.

Trotzdem sollte eine tierische Willkommensfete abgehen. Wer aus dem Knast kommt, das wußten wir aus Erfahrung, der steht kurz vor einem Samenkoller, wird schon besoffen, wenn er eine Bierdose aufreißt und will ein höllisch scharfes Essen und eine ebensolche Frau.

Während Gina sich schon für ihren Lee schminkte, bereiteten Luntrus und ich Lees Lieblingsessen, *DIE VORBEREITUNG DER KRIEGER AUF DAS GROSSE KAMPFTRINKEN*. Außerdem hatte ich ihm für ein schönes Wochenende mit Gina zwanzig rohe Eier besorgt; schließlich wollte unser Lee sich richtig austoben und mußte erstmal wieder zu Kräften kommen.

Uwe, Atze und Mick schleppten kistenweise Bier in die gute Stube, und Gina, die schon seit vier Jahren mit Lee ging und behauptete, nie einen besseren Hengst gehabt zu haben, hatte als besondere Überraschung für Lee noch ihre beste Freundin Angie, das Busenwunder, mitgebracht.

Lee war zu beneiden, doch wir aßen *DIE VORBEREITUNG DER KRIEGER AUF DAS GROSSE KAMPFTRINKEN* ohne ihn, und Gina und Angie schliefen

allein ein, denn irgendein Bürohengst schaffte seinen Schreibkram nicht rechtzeitig und fand seinen Stempel nicht. So verzögerte sich Lees Entlassung auf den nächsten Tag.

Wir lagen noch in unseren Schlaftüten, als er frühmorgens gegen elf über die ersten Schnapsleichen hin zu seinem Zimmer stieg, wo er – welche Freude – Gina und Angie fand. Es wurde dann etwas lauter in seinem Zimmer. Geweckt von spitzen Schreien, wohligem Gurgeln und Anfeuerungsrufen stand ich auf und sah mir das Schlachtfeld in der Küche an. Luntrus, noch halb besoffen, stieß zu mir, und aus den verbliebenen Spaghettiresten und den rohen Eiern mixten wir für unseren Lee einen Fraß, den wir *ALS LEE VORZEITIG AUS DEM KNAST ENTLASSEN WURDE* tauften.

Als es in seinem Zimmer ruhiger geworden war, servierte ich ihm das Zeug mit viel Ketchup.

Meine Kochkünste lobend, baggerte er zwischen Gina und Angie liegend alles vom Teller.

Dann bat er mich lächelnd, für eine Weile zu verschwinden, wofür ich mit einem Blick auf Gina und Angie Verständnis hatte.

Wir brauchen:

die gekochten Spaghettireste vom Vortag (man kann natürlich auch alle anderen Nudelreste verwenden, sogar altes Brot in Würfel gehackt)
Olivenöl, etwa so viel wie ein doppelter Whisky, wenn der Barkeeper es gut mit dir meint!
Schnapsglas voll Tomatenmark, falls kein Schnapsglas vorhanden, weil du ein Flaschenkind bist, drück so viel Tomatenmark aus der Tube, wie du für eine Naßrasur Marke »Saturday Night Fever« brauchen würdest.
Eier mindestens 4 pro Nase
Wurstreste gewürfelt
Käsereste gerieben oder kleingehackt
Pfeffer, Salz, Chili, Knoblauch

Es geht aber auch alles ohne Wurst- und Käsereste. Im Härtefall braucht man nur die alten Spaghetti und ein paar Eier. Auch alle Gewürze können wegfallen, nur ganz ohne Salz geht es nicht.

Die ganze Geschichte dauert höchstens eine Zigarettenlänge. So wird es gemacht:

Alles außer den Spaghetti und den Eierschalen in einen Topf geben und kräftig umrühren.
Dann Pfanne heiß machen, Öl oder Butter rein,
die alten Spaghetti hinterher,
die Eiersoße aus dem Topf drübergießen.

Warten, bis die Masse fest wird,
einmal – spätestens wenn es nach verbranntem Ei riecht – alles wenden.
Fertig!

Für Ketchup-Freaks kommt jetzt noch der Griff zur roten Flasche.

Als Katerfrühstück bestens geeignet.

Zum Thema *SALZBESCHAFFUNG* ein Tip:

Freddie, der salzlose Kost haßte, schleppte in seiner ausgebeulten Lederjacke ständig die kostbarsten Salzstreuer mit sich herum. Salzstreuersammeln war sein Hobby. Er nahm nur welche aus edlen Lokalen mit. Solchen, in denen er niemals bedient werden würde. Er setzte sich an den Tisch, pfiff den Kellner herbei und bestellte vom Hauptmenü für eine Mark und siebzig.

Während man mit der Polizei drohte, den Geschäftsführer rief oder nur freundlich bat, doch an der Würstchenbude zu essen, ließ Freddie den Salzstreuer mitgehen.

So kam es, daß er mühelos am Salz das Lokal bestimmen konnte.

Zu seinem einundzwanzigsten Geburtstag schenkten ihm Freunde aus der Berliner Hausbesetzerszene einen Salzstreuer aus dem Kempinski. Sie verbanden ihm die Augen, streuten eine Prise auf seinen Handrücken und ließen ihn kosten. Er hatte den

Streuer noch nicht gesehen, aber er tippte sofort richtig: »Kempinski!«

Angeblich lud man Freddie zu einer Fernsehshow ein, wo er sein Können mit verbundenen Augen demonstrieren sollte. Er wäre auch fast mit von der Partie gewesen, aber dann kam dieser Ärger wegen seiner nicht angemeldeten Flimmerkiste. Die Jungens von der Post und dieser Einzugszentrale würgten ihm eine echt gesalzene Rechnung rein, Freddie wurde sauer auf die Typen vom Fernsehen, und die Show mußte ohne ihn stattfinden, weil er schmollte.

BELLENDE SPAGHETTI

Fetzer erfand das eigenartige Mahl, als wir nach einer Orgie bei uns zu Hause gegen Mittag wach wurden, einen Mordskater hatten und nichts mehr fürs Frühstück. Statt einfach mehr zu saufen, hatten uns irgendwelche Studenten den Kühlschrank leergefressen und unser Gehacktes als Brotaufschnitt benutzt. Weil ihre Freßgier nicht einmal vor unseren – wegen des Verfallsdatums besonders preiswerten – Fischkonserven halt gemacht hatte, guckten wir in die Röhre.

Fetzer fand noch ein Paket Nudeln, Tomatenketchup und Gewürze. Mehr war nicht zu holen.

Als Bello, unser Hund, auch noch zu kratzen und zu jaulen anfing, war Fetzer kurz davor, ihn in die Bratröhre zu schieben.

Aber Atze ist ein Tierfreund, und für Bastarde hat er einfach ein Herz. Er fühlt sich ihnen irgendwie verwandt. Atze bewahrte Bello also vor der Bratröhre und öffnete ihm sogar eine Riesendose Hunderindfleisch.

O Mann, wie das duftete! Ich dachte, ich flipp aus. Und auf der Dose stand auch noch, daß alle wichtigen Spurenelemente in dem Zeug enthalten seien, und dazu saftige Fleischstückchen. Man bekam angeblich ein glänzendes Fell davon. Es stoppte den Haarausfall und spendete außerdem jede Menge Energie für außergewöhnliche Zuchterfolge.

Fetzer war sofort begeistert.

Er wollte keine Minute länger zulassen, daß der Hund uns die besten Stückchen wegfraß. Weil Atze wieder seinen missionarischen Tag hatte, mußte Fetzer mit Bello teilen. Aber es war immerhin eine Riesendose, und so blieb für uns alle genug übrig.

Haarausfall bekam übrigens niemand von uns, aber besondere Zuchterfolge stellten sich auch nicht ein. Man sollte eben nicht zu viel Vertrauen in die Werbung setzen.

Okay, wie man Spaghetti kocht, hast du geschnallt. Jetzt geht es um eine grandiose Soße – nur für echte Hardliner der Rockerküche. Feinsinnige, kulturvolle oder gut erzogene Menschen sollten statt dessen lieber was andres essen. Wer aber wie Fetzer, Atze und ich einen soliden Mülleimer als Magen hat, sollte sich die *BELLENDEN SPAGHETTI* nicht entgehen lassen.

Wir brauchen:

Öl
Zwiebeln
Curry, Paprika, Pfeffer – halt alles,
was an scharfen Gewürzen da ist,
am besten wieder 1 rote getrocknete
Chilischote oder Cayennepfeffer.
Von allem mindestens so viel,
wie man Tabak braucht, um einen
guten Glimmstengel zu drehen.
1 Dose Hundefutter – Pansen
schmeckt nicht, aber Hühner- oder
Rindfleisch ganz nach Belieben
mindestens 1 Literflasche
Tomatenketchup
oder 2 Dosen geschälter Tomaten
pro Person 5 Knoblauchzehen

Es geht ganz schnell: Die Zwiebeln kleinhacken und zusammen mit den Knoblauchzehen in Öl kurz anrösten.
Das Tomatenzeugs rein. Umrühren und alle Gewürze reinkippen.
Dann warten, bis es leicht blubbert.
Hundefutterdose aufhebeln und rein mit dem Fraß.
Einen klaren Schnaps für den Magen trinken, die Spaghetti in der gewohnten Art zubereiten und dann die Soße drübergießen.
Fertig sind die *BELLENDEN SPAGHETTI!*

Man kann mit einer kleinen Änderung daraus

auch *SPAGHETTI BOLOGNESE* machen. Man nimmt weniger Gewürze und dafür statt Hundefutter aus der Dose frisches Gehacktes vom Metzger.

Schmeckt genauso, ist nur langweiliger, um nicht zu sagen spießiger, und wesentlich teurer.

Schlabberzeug

*Einfache Zubereitung,
pro Person knapp eine Mark,
wahrscheinlich weniger,
weil einiges „besorgt werden
kann“ oder schon im Haus ist.*

Die anderen machten mit großen Erwartungen einen Besuch in Erikas Frauen-Wohngemeinschaft. Fetzer und ich hatten also die ganze Hütte für uns. Leider waren wir mal wieder völlig pleite, aber trotzdem hatten wir für den Abend zwei Bräute zu uns eingeladen, die mit einer goldenen American Expresskarte in jedes Drei-Sterne-Restaurant gepaßt hätten. Der Trick mit dem Rotwein würde funktionieren, da waren wir sicher. Wir hatten schon so manchen Weinschnüffler damit reingelegt: Wir tranken meistens billigen Rotwein aus einer Zwei-Liter-Flasche. Jeder, der das sah, rümpfte die Nase und versicherte, niemals zu so einem Hirnverkleber greifen zu wollen. Darum füllten wir – wenn Besuch kam – unseren Billigwein in eine edle, geschliffene Karaffe. Ein Schmuckstück aus Oma Klapheckes Nachlaß, das wir eigentlich als Blumenvase benutzen wollten, aber wer bringt schon Blumen mit, wenn er eine Junggesellen-WG besucht?

Keiner unserer snobistischen Freunde bemerkte je den Schwindel. Nicht einmal mein Verleger, und der brachte neben meinen unanständigen Romanen immerhin auch Standardwerke zum deutschen Weinanbau heraus.

Er hielt wie alle anderen Weinexperten das Glas wissend unter seine Nase, atmete den Duft ein, nippte dann, ließ den Pfennigtropfen über seine Zunge rollen und riet schließlich einen Jahrgang und ein Weinanbaugebiet, das wir nickend bestätigten, worauf er wohlwollend, ja geradezu behutsam, um nichts zu verschütten, das Glas zurücksetzte.

Um den Wein machten wir uns also keine Sorgen. Aber das Essen!

Die Damen gruben ihre Zähne nicht in Koteletts. Nein, die waren Filetspitzen gewöhnt.

Fetzer legte eine Scheibe auf, deren Existenz er mir bis dato verheimlicht hatte, und summte den Refrain mit: »I had girls, I had women, but I never had a Lady before...«

Wir erwarteten sie in knapp zwanzig Minuten, und außer ein paar Brühwürfeln, alten Zwiebeln und dem Knoblauchstrang an der Wand hatten wir nichts zu bieten. Ich fand noch hartes Brot im Schrank.

Der Markttag ging dem Ende zu, und ich rannte hin. Es goß aus Eimern. Hektisch packten die Marktleute ihre Waren zusammen. Ich ergatterte von ihrem Abfall drei leicht braune Bananen und einen Armvoll gequetschter Tomaten.

Reich wie ein Ölscheich kam ich damit in unsere Wohnung zurück. Fetzer haute mir vor Freude außer sich auf die Schulter.

»Der Rest ist Phantasie!« brüllte er. »Der Abend ist so gut wie gelaufen.«

Und dann zauberte Fetzer das *FIEBER EINER REGENNACHT*.

Es duftete sogar im Hausflur. Ich hatte alle Aschenbecher geleert, die Toilette geputzt, die Badewanne ausgeschrubbt und meine Matratze frisch bezogen...

Gerade standen an allen strategisch wichtigen

Punkten Kerzen, da klingelte es. Ich riß die Tür auf und verbeugte mich schwungvoll: »Hereinspaziert!«

Noch in der Bewegung erkannte ich Uwe, Luntrus und Atze.

»Mensch, wie das hier duftet! Und aufgeräumt habt ihr auch! Echt prima von euch, der Einsatz für die Gemeinschaft...«

»Ja, aber ich dachte, ihr bleibt bis Montag zu Besuch in Erikas Frauen-Wohngemeinschaft in der Moltkestraße, bei den drallen Emanzen...«

Mit einer wegwerfenden Handbewegung sagte Atze: »Du weißt doch, wie Frauen sind!«

Ich wußte es nicht, und bekam an diesem Tag auch keine Gelegenheit mehr, Erfahrungen zu sammeln.

Die Edelmiezen setzten uns drauf, und unsere WG-Brüder wärmten sich mit dem *FIEBER EINER REGENNACHT* dankbar die Bäuche. Sie hatten, bevor sie wegen chauvihaftem Verhalten (sie wollten sich ums Spülen drücken) aus der Frauen-WG geflogen waren, dort nur einen frischen Salat aus Sojakeimen und biodynamisch gezogenen Möhren bekommen.

Unsere Suppe baute sie mühelos wieder auf.

Während ich den Wein aus Oma Klapheckes edler Karaffe kredenzte, klingelte das Telefon. Mürrisch hob ich ab.

Eine schuldbewußte weibliche Stimme flötete: »Bitte seid nicht ungehalten.«

»Sind wir auch nicht. Wir sind sauer.«

»Unsere Ehemänner haben die Dienstreise verschoben und uns zum Abendessen eingeladen. Wir konnten unmöglich weg. Ich rufe aus der Hotelhalle an. Ich muß gleich auflegen.«

»Wo habt ihr denn gegessen?«

»Im Excelsior.«

»Und was gab's?«

»Tomatencremesuppe und ...«

»Und wie hat's geschmeckt?«

»Langweilig.«

»Das wäre euch bei uns nicht passiert. Es gab *FIEBER EINER REGENNACHT!*«

»Hmmmmm – wie das schon klingt... Ich muß Schluß machen. Der Nachtisch wird schon serviert. Flambierte Bananen.«

»Ich geb euch einen guten Tip: Kippt den Nachtisch in die Vorsuppe, dann schmeckt gleich alles viel aufregender.«

Wir brauchen:

1 Zwiebel
2 Knoblauchzehen,
beides kleingehackt
1 kleingeschnittene Banane
Brühwürfel (am besten die billigsten
aus dem ALDI, wie man mit Hilfe
von heißem Wasser daraus eine
schmackhafte Brühe macht,
steht auf der Packung)
frische Tomaten aus Nachbars Garten
oder passierte Tomaten aus der Dose
oder Tomatensaft

Einen Klatsch Butter oder Margarine im Topf erhitzen. Wenn kleine goldene Bläschen zerplatzen, kleingehackte Zwiebel und Knoblauchzehen reinwerfen und eine Weile darin andünsten.
Jetzt die Banane dazu.
Wer Bananen affig findet, kann auch Mais nehmen. Gibt es zu gewissen Jahreszeiten wie Tomaten kostenlos. Ganz im Gegensatz zu Bananen, die bei uns nicht wachsen.
Wenn du Tomatensaft oder welche aus der Dose benutzt, einfach rein damit in den Topf. Bei frischen mußt du sie erst enthäuten. Das geht ähnlich wie skalpieren, was einem alten Tramper wie dir ja nicht schwerfällt. Wenn du den roten Früchtchen aus dem Mantel geholfen hast, rein damit in den Topf.
Na, riecht es nicht schon astrein?
Das mit den Brühwürfeln hast du natürlich auf Anhieb beim ersten Lesen kapiert. Also einen halben Literkrug voll Brühe dazu und alles eine Weile kochen lassen.
Wenn Tomatensaft verwendet wird, braucht nicht so viel Brühe zugesetzt werden, einfach frei Schnauze mit heißer Brühe und Salz abschmecken.
Ein Schuß Rotwein macht sich ganz gut, man kann statt dessen auch Sahne oder Cognac nehmen.
Für scharfe Jungs und heiße Mädels mit Chili würzen, Oregano und Basilikum runden die Sache für den echten ALDI-Gourmet ab.

Warnung: Nicht zu viel Chili verwenden, sonst wirkt die Suppe zu schweißtreibend.

Die Suppe hat eine sagenhafte Wirkung. Sie ist gut gegen Skorbut und schleichende Gicht, füllt die Wohnung mit Urlaubsgerüchen, hebt bei Regenwetter die Laune und vertreibt Vampire, Mörder und Gerichtsvollzieher.

FIEBER EINER REGENNACHT kann als Hauptgericht mit einem Kanten Brot sattmachen. Aber auch als Vorspeise für ein größeres Menü ist *FIEBER EINER REGENNACHT* bestens geeignet.

Paßt großartig vor *EIN MEERESUNGEHEUER STIRBT AM STRAND!* (Siehe Nudelgerichte)

Auf keinen Fall kalte Getränke vergessen, die Suppe macht durstiger als ein Wüstenritt.

HENKERSMAHLZEIT FÜR KLEINE PUNKS

Kategorie: einfach, billig, schnell, aber macht total satt

DIE HENKERSMAHLZEIT FÜR KLEINE PUNKS entstand in der Nacht vor dem großen Punkkonzert. Die Autobahnränder waren mit trampenden Punks zugestopft. Möhrenrote und giftgrüne Haare tauchten – rein statistisch gesehen – an den Autobahnraststätten häufiger auf als schwarze und blonde Bürofrisuren. Die ersten Spießer stiegen auf Bus und Bahn um, und einige ganz Ängstliche glaubten schon an die Invasion der Zombies.

Kaum einer hielt, um die jungen Punks mitzunehmen. Wir donnerten mit unseren Kisten die Strecke

entlang und luden einige entkräftete Jungpunks auf, die schon fast aussahen wie Grufties.

Schnell wurde unsere WG eine Art Auffanglager. Ein Notquartier. Weniger streng als die Bahnhofsmission und nicht so teuer wie das Interconti.

Hinzu kam, daß Atze mal bei einer Punkfete in Hamburg damit geprahlt hatte, bei uns könne man jederzeit übernachten, womit er eine kleine langbeinige Hexe auf eine Spritztour zu uns einladen wollte. Sie kam nicht. Statt dessen wurde jetzt unsere Adresse zwischen Poona und Grönland als »heißer Tip« weitergegeben.

Madonna, ein Punkmädchen, dessen Alter zwischen fünfzehn und vierunddreißig liegen mußte, beschwerte sich laut darüber, daß alle Spießer geile Säue seien, die nur deshalb Autos fuhren, um Tramperinnen an die Wäsche zu gehen. Madonna war bekleidet mit einer schwarzen Lederjacke, einem roten, durchlöcherten T-Shirt, schwarzen Netzstrümpfen, Strapsen, Stöckelschuhen und einer weißen baumwollenen Unterhose. Ich glaubte, sie hätte ihre Lederhose oder ihren Lederrock beim Kampf mit einem zudringlichen Autofahrer verloren. Aber sie erklärte mir, daß sie immer so trampen würde, um überhaupt eine Chance zu haben, mitgenommen zu werden.

Ich war kurz davor, alle rauszuwerfen, weil Madonna meine Schnapsvorräte großzügig verteilte, aber Atze bestand darauf, ein so zartes Mädchen könne man nicht einfach auf die Straße setzen.

Sie blieben also, und wir mußten was auf den

Tisch bringen. Als wir begannen, uns um das Nachtmahl Sorgen zu machen, zählte ich 37 Punks. Die zwei, die sich auf dem Klo eingeschlossen hatten, nicht mitgerechnet. Luntrus besorgte einen Sack Kartoffeln. Das Schälen besorgten wir gemeinsam, und rasch wurden aus den Grufties wieder Punks.

Fröhliche, sauf- und sangesfreudige Menschen.

Madonna blieb auch nach dem Konzert noch ein paar Tage. Ihr Aufzug trug wesentlich dazu bei, daß sich unser Verhältnis zu den anderen Mietern verbesserte.

Der alte Herr Schmidt aus dem ersten Stock trug ihr sogar einmal die Einkaufstüte rauf, und wir hatten ihn immer für einen sturen Bock gehalten.

Plötzlich fand er auch nicht mehr, daß unsere Musik zu laut sei.

»Im Grunde«, sagte er zu mir, »seid ihr zu beneiden, Jungens.«

Dann packte Madonna Netzstrümpfe, Lederjacke, Strapse und Stöckelschuhe in ihren Rucksack. Sie mußte zurück in ihre miefige Kleinstadt, um Abitur zu machen. Ich brachte sie auf dem Rücksitz zu einer günstigen Autobahnraststelle. Sie trug eine verwaschene Jeans, einen flauschigen, selbstgestrickten Rollkragenpullover und Turnschuhe.

Sie brauchte Stunden, bis endlich ein Auto anhielt und sie einsteigen ließ. Ich sah es genau. Es klemmte eine Frau hinterm Steuer.

Für alle, die inzwischen gelernt haben, wie man aus einem Suppenwürfel und heißem Wasser eine 1a-Fleischbrühe zubereitet, bietet die *HENKERSMAHLZEIT FÜR KLEINE PUNKS* eine ideale Bereicherung des Könnens.

Pro Person dürften die Kosten bei knapp 30 Pfennig liegen.

Wir benötigen:

1 preiswerte Dauerwurst
oder diverse Wurstreste
½ l heißes Wasser
Suppenwürfel
1 Streichholzschachtel
voll Tomatenmark
(entspricht etwa einem doppelten
Wodka oder einem Eßlöffel)
3 Kartoffeln
als Kräuter können rein:
Estragon, Basilikum, Salbei
und Petersilie
natürlich mindestens 1 Knoblauchzehe,
zerdrückt oder kleingeschnitten
1 Lorbeerblatt und Chili
machen sich immer gut.

So wird *DIE HENKERSMAHLZEIT FÜR KLEINE PUNKS* angerührt: Wasser im Topf heißmachen. Suppenwürfel rein, umrühren. Hmmmm!
Tomatenmark hinterher.
Kartoffeln schälen, kleinschneiden und hinein. Ge-

würze und Knoblauchzehe (am besten zerdrückt) in den dampfenden Topf.
Bißchen Geduld. Es dauert nicht länger als eine Maxi-Single, du kannst dir aber auch inzwischen eine ganze LP reinziehen und derweil *DIE HENKERSMAHLZEIT* auf kleiner Flamme ziehen lassen.
Falls die bezeichneten Gewürze nicht im Haus oder Rucksack sind, keine Sorge, nimm einfach andere. Sei kreativ! Hab den Mut, etwas auszuprobieren! Den Mut, Fehler zu machen. Was kann schon passieren?
Explodieren wird der Sud im Topf sicher nicht.
Wenn du zufällig noch andere Gemüsesorten griffbereit hast, einfach hinein damit. Gut machen sich zum Beispiel Gemüsezwiebeln, aber auch Möhren.
Ganz schlecht für die Suppe ist Vanillepudding. Sonst können so ziemlich alle Reste in den Topf.

Die *HENKERSMAHLZEIT FÜR KLEINE PUNKS* läßt sich beliebig oft aufwärmen und verlängern.

Das geile Dosengericht

ALDI-ROULETT

Ein Dosenabenteuer für Mutige

Diese äußerst amüsante Art zu kochen und zu essen entstand wie so viele gute Dinge aus der Krise in einer zu engen Beziehungskiste. Seit Luntrus bei uns ausgezogen war und »seine Männerrolle aktiv in Frage stellte«, wie seine neue Flamme, die Deutschlehrerin Britta, das nannte, wurde er von Tag zu Tag mürrischer.

Daß er seine Honda gegen eine Einbauküche eintauschte, hielt Britta für einen »positiven Sprung in seiner Persönlichkeitsentwicklung«. Der Sprung verlief mitten durch unseren armen Luntrus, der in Latzhosen lächerlich wirkte, mit seinen Lederklamotten aber nicht in den Vollwertkochkurs an der Volkshochschule paßte.

Für Britta lernte er auch noch stricken, doch kurz bevor der erste lila Pullover fertig war, bekam Luntrus einen Koller. Er zertrümmerte die Getreidemühle und verfütterte die diversen Körnersorten an die Tauben im Park. Dann kaufte Luntrus ein. Dosenfutter, versteht sich. Was teurer als eine Mark und fünfzig war, zog er erst gar nicht in die engere Wahl. Dieses Verfahren stellte schon einen deutlichen Kompromiß dar und berücksichtigte Brittas sozialen Status als Lehrerin, denn als Luntrus' Matratze noch in unserer Junggesellen-WG lagerte, kaufte er nicht über 99 Pfennig. Er kreierte die »29-Pfennig-Nudelsuppe« und ähnliche Überlebensprogramme für Sozialhilfeempfänger und Studenten.

Nachdem Luntrus einen Einkaufswagen voller Konservendosen in Brittas Wohnung gekarrt hatte, kippte er alles in die Badewanne und ließ sie vollaufen. Schon eine knappe Stunde später schwammen sämtliche bunten Papierbanderolen und Beschriftungen oben, während die nackten, silberglitzernden Dosen auf dem Wannengrund dümpelten.

Kurz bevor Britta gestreßt vom Schulalltag nach Hause kam, wurde Luntrus nun doch ein bißchen mulmig zumute, und er erinnerte sich wieder an seine alten Kumpels. Sein Hilferuf verklang bei uns nicht unerhört, zumal sich alles nach einer handfesten Freßorgie anhörte.

Wir trafen mit Britta zeitgleich ein. Erst hielt sie alles für einen Scherz, dann uns für völlig übergeschnappt. Das *ALDI-ROULETT* lief aber schon seinem Höhepunkt entgegen.

Im Topf brutzelte bereits Öl, und im Öl schwammen eine kleingehackte Zwiebel und zwei Knoblauchzehen.

Jeder wählte eine der unkenntlich gemachten Dosen und kippte ohne weitere Diskussionen den Inhalt in den Topf.

Das Ergebnis dieses Experiments übergossen wir dann unter beständigem Umrühren mit einem halben Liter Curryketchup.

Niemand konnte ahnen, was dabei herauskommen würde.

Wer beim Roulett versucht, ein System zu entwickeln, ist eh ein Spielverderber.

Ähnlich zufällig entstanden viele berühmte Spei-

sen: Die französische Bouillabaisse (aus den Fischabfällen am Ende eines Markttages) oder die stinknormale deutsche Gemüsesuppe – so wie fast jeder Eintopf.

Was bei unserem Roulett herauskam, war in jeder Hinsicht gut: erstens weil es mit Gewürzen abgeschmeckt ein sättigendes, köstliches Gericht ergab (Atze und Luntrus nahmen dreimal Nachschlag), und zweitens, weil Luntrus danach wieder bei uns einzog, was seiner Beziehung zu Britta nur nutzte. Für sie dreht jetzt ein anderer die Körner durch die Mühle und wäscht ihre biologisch angebauten Salatblättchen ab. Immer wenn er Flurwoche hat, kommt Britta Luntrus besuchen. Erst spielen sie dann am Ofen Roulett und hinterher auf Luntrus' Matratze. Wenn sie kommt, wirkt sie immer leicht genervt, hat einen gehetzten Blick und zupft zwanghaft ihre Kleider zurecht. Wenn sie geht, macht sie einen viel entspannteren Eindruck und wirft, schon halb draußen, Abschiedsküßchen in die gute Stube: »Tschüß, bis nächste Woche!«

Du brauchst:

45 verschiedene Dosen,
alle unter 1,50
Öl
1 Zwiebel
2 Knoblauchzehen

Der absolute Schlüpferstürmer

DIE ROTE HÖLLE DES GRAND CANYON

Fetzer erfand dieses höllische Mahl als letzten Versuch, Gabi, seine Traumfrau, auf die Matratze zu kriegen. Er hatte seine gängigen Tricks bereits durch.

Aber sie fuhr weder auf seine geölten Lederklamotten ab, noch ließ sie sich von der auf Hochglanz polierten Honda beeindrucken.

Seine Plattensammlung fand sie zu bieder, und seine sonst recht erfolgreiche Masche: »Alle Frauen sehen in mir nur den Macho, dabei bin ich echt sensibel und ziemlich schüchtern ...«, brachte sie zum Lachkrampf.

Er donnerte mit Gabi fünfzig Kilometer durch strömenden Regen, um dann ein gemeinsames heißes Bad in seiner Wanne vorzuschlagen, aber sie duschte lieber bei sich zu Hause – allein ... versteht sich.

Beim Flippern goß er heimlich Whisky in ihre Cola, aber sie schmeckte ihn raus und bestellte sich eine neue.

Immerhin, beim Klamottenpoker machte sie mit. Aber allein der Gedanke, er könnte sie nach und nach mit einem guten Blatt ausziehen, machte Fetzer so nervös, daß er am Ende in die Pechsträhne seines Lebens hineinrutschte.

Er saß dann nackt auf dem eigenen Kellerbarhokker, und sie hatte lediglich ihre Ohrringe abliefern müssen.

Sie erzählte ihm von ihrem früheren Freund, der angeblich ein großartiger Hobbykoch war. Ein Spezialist für Vollwertküche und all den gesunden Zauber.

Wenn er nicht selbst für sie kochte, lud er sie in Spezialitätenrestaurants ein. Dafür hatte Fetzer natürlich kein Geld übrig.

Fetzer setzte alles auf eine Karte: die Speisekarte. Er kannte die *ROTE HÖLLE DES GRAND CANYON* von einem Abend am Lagerfeuer, als ein Typ aus seiner abgeschabten Lederjacke eine rote, getrocknete Chilischote holte und sie stumm ins Essen bröselte.

»Du wirst sehen«, hatte er ihm ins Ohr geraunt, »das ist der absolute Schlüpferstürmer.« Dabei deutete er vielversprechend auf die beiden Bräute, die etwas bekifft abseits vom Feuer saßen.

In der Tat verbrachte Fetzer die Nacht in seiner Schlaftüte nicht allein. Seit diesem Tag trug er ständig eine rote, getrocknete Chilischote bei sich.

Auch bei Gabi hatte er mit seinem Trick Erfolg. Nach knapp sechzig Minuten, wie er mir glaubwürdig versicherte. Die Zwischenzeit nutzten die beiden für je vier Dosen Bier. Eisgekühlt.

Du brauchst:

pro Person 1 Dauerwurst
2 Zwiebeln
2 Knoblauchzehen
4 Kartoffeln
1 große Dose rote Bohnen
1 Tüte passierte Tomaten
Salz, Pfeffer,
1 getrocknete rote Chilischote

Ofen anwerfen, Pfanne drauf, ein Schnapsglas voll Öl reingießen. Zwiebeln und Knoblauch zerhacken und im inzwischen heißen Öl andünsten, Dauerwurst in Scheiben schneiden und dazugeben, dann einige Minuten anbraten. Wenn es gut duftet und noch bevor die Wurst anbrennt Tomaten, geschnittene Kartoffeln, Salz und Pfeffer dazu, und jetzt gut 10 Minuten Geduld haben.
Guten Sender im Radio suchen, während es in der Pfanne blubbert und ein tierisch geiler Duft Nachteulen, Wölfe oder hungrige Nachbarn anlockt.
Nerven behalten. Es sind erst fünf Minuten um. Die Nase schnüffelnd über die Pfanne halten und umrühren. Aber schön langsam. Alles weitere kochen lassen, probieren, ob Kartoffeln gar sind. Aber nicht gleich alles aufessen.
Die Dose rote Bohnen aufhebeln, abschütten und in die rote Hölle gießen.
Spätestens jetzt eine Dose Bier aufreißen und bereitstellen. Die rote Chilischote aus der Lederjacke neh-

men und zwischen den Händen über der Pfanne kleinbröseln. So kommt das wahre Feuer in die Hölle. Nach einigen Minuten essen. Mit viel Bier nachspülen.

Wildererspaß

ZERQUETSCHTE BÄRENTATZE

Lagerfeuerschmaus. Spottbillig, wirkungsvoll und unproblematisch in der Herstellung.

Dieses Rockermahl stammt von mir. Ich kam auf die *ZERQUETSCHTE BÄRENTATZE*, als wir in der Nähe von Haltern auf dem Weg zu einem Elefantentreffen Zwischenstation machten. Wir waren ziemlich abgebrannt, durstig und hungrig. Luntrus versuchte mit dem blanken Messer einen Hasen zu erlegen. Während wir schon Holz für das Lagerfeuer sammelten, band er sein Wurfmesser an einen langen Ast und baute sich so einen Speer. Er hatte das mal im Kino so gesehen. Was dort recht publikumswirksam klappte, reichte bei Luntrus nur für einen Bänderriß und einen verstauchten Knöchel.

Malerisch über dem Feuer drehte sich dadurch aber noch lange nichts für uns.

Trotzdem besaßen wir den Ehrgeiz, uns von den Dingen zu ernähren, die so ein Wald kostenlos bot.

Ich buddelte einen Arm voll Kartoffeln aus, womit ich bei unseren Großwildjägern aber nur ein müdes Lächeln erntete. Sogar frische Zwiebeln zupfte ich aus dem nahen Gemüsegarten, aber als ich an die Tomaten in dem Minigewächshaus wollte, gellte ein recht militärischer Schrei durch die Nacht:

»Halt! Hände hoch oder ich schieße!«

Die Welt ist ja bekanntlich voller wahnsinniger Spießer und amoklaufender Kleingärtner. Ich ließ also Kartoffeln und Zwiebeln fallen und reckte die Hände zum Himmel.

Ich stammelte sogar: »Bitte nicht schießen.«

Hinter mir raschelten ausgelatschte Turnschuhe im Gras. Das typische kalte Knacken eines Ballermanns, der durchgeladen wird, fuhr mir von den Ohren direkt in die Eingeweide. Ich mußte plötzlich ganz dringend zur Toilette, wagte aber nicht, mich zu bewegen.

»Sie werden mich doch nicht wegen so einem kleinen Mundraub umbringen wollen... Ich habe zahlreiche Frauen und zig uneheliche minderjährige Kinder...«

»Damit die Schnecken nicht an den Salat gehen, streuen wir Gift... Die Kaninchen knallt Opa einfach ab...«

»Aber... ich bin doch kein Kaninchen!« empörte ich mich.

Moment mal, sagte plötzlich der gebildete Mittelschüler in mir, das ist doch eine Kinderstimme, und hat der Bengel nicht gerade von seinem Opa gesprochen?

Ich fuhr herum.

Tatsächlich. Der Lümmel war noch keine zwölf und richtete seine Knarre auf mich. Aus dem Lauf bedrohte mich ein schwarzer Pfeil. Zum Glück klebte ein Gummipropfen auf der Spitze.

Furchtlos riß ich ihm die Waffe aus der Hand.

Er erschrak nicht und rannte nicht heulend davon, sondern grinste: »Nicht schlecht, Alter, aber ich hätte dich inzwischen zehnmal abknallen können. Für einen Profi benimmst du dich ziemlich dämlich.«

»Wieso Profi? Was glaubst du, wer ich bin?«

»Na, ein Einbrecher. Ein selten blöder Tagedieb in nachgemachter Rockerkluft. Damit erschreckst du nicht mal mehr meine Oma, seit sie auf Maikel Jackson steht.«

»Duuuhu!« drohte ich, mehr fiel mir nicht ein. Ich wollte ihm sagen, daß ich immerhin den ersten und einzigen authentischen Rockerroman geschrieben hatte, aber ich fürchtete, bei dem Nachwuchscowboy nur ein mildes Schulterzucken zu ernten. Statt dessen erzählte ich ihm also von unserem Lagerfeuer und unseren drei Problemen: Hunger, Durst und galoppierendem Geldmangel.

Er wurde sofort ganz anders, holte eine Plastiktüte für mich, half mir die Kartoffeln wieder aufzusammeln, drückte mir noch eine Blutwurst in eigenem Darm und aus garantiert eigener Schlachtung in die Hand und zwei Pfefferminzbonbons. Ich versprach, ihn am nächsten Morgen mal auf meiner Maschine fahren zu lassen, und wir trennten uns fast als Freunde.

Atze verfolgte noch Wildschweinspuren, Luntrus besoff sich gegen den Schmerz im Fuß (gute Ausrede), und ich rührte mit meiner Beute ein neues Gericht, *ZERQUETSCHTE BÄRENTATZE*, an. Den Namen erfand ich allerdings erst, als Luntrus jammerte: »Was ist das denn? Hast du ein Schwein geschlachtet?«, und Atze fluchte: »Das eß ich nicht, ich bin doch kein Kannibale!«

»Regt euch nicht auf, Jungens«, sagte ich, »das ist eine zerquetschte Bärentatze. Ich hab sie im Wald in einer Bärenfalle gefunden. Der Gevatter

Pelz muß sich wohl getrollt haben, aber den Fuß ließ er zurück. Bei den Hopi-Indianern war das eine Spezialität.«

»Zerquetschte Bärentatze...«, lallte Luntrus völlig besoffen und verzog das Gesicht, aber es schmeckte ihm trotzdem.

Du brauchst:

Kartoffeln, so viele du dir zutraust zu verputzen
1 Stich Butter
250 g frische Blutwurst
1 große Zwiebel
2 Äpfel
Salz, Pfeffer
eine Prise Zimt, wer mag

Zuerst Kartoffeln waschen und in einen Topf mit kaltem Wasser schmeißen. Darin die Kartoffeln mit Schale ca. 20 Min. kochen lassen. Dann reinstechen und gucken, ob sie gar sind, wenn ja: das Wasser abschütten und den Topf geschlossen beiseite stellen, mit einer Wolldecke oder im Schlafsack warmhalten.
Zwiebel in Ringe schneiden, Äpfel schälen, entkernen und achteln. (Man kann sie auch einfach so reinwerfen und dafür alles länger kochen.)
Blutwurst enthäuten. In Scheiben schneiden.
Butter zerlassen.
Zwiebel andünsten.

Äpfel dazugeben und anbraten.
Blutwurst einrühren und kurz mitbraten.
Deckel drauf, aufatmen, und das ganze Zeug auf kleiner Flamme noch ca. 10 Min. schmoren lassen.
Jetzt noch mit Salz und Pfeffer abschmecken und zusammen mit den Kartoffeln wegbaggern.

Das richtige Rocker-Frühstück

Es gibt Leute, die schmieren
sich morgens Marmelade
auf wabbelige Weißbrotscheiben
und wundern sich dann,
daß ihnen der ganze Tag mißlingt.
Andere reiben morgens Körner
durch die Mühle oder pressen Säfte aus.
Richtige Rocker essen morgens Eier.

DAS AUGE AUF DER STIRN DES ZYKLOPEN

Du brauchst:

pro Nase 1 Ei
und 1 Scheibe altes Brot
(es geht auch mit frischem Brot,
ist aber nicht stilecht)

So wird's gemacht:
Du brutzelst Fett in deiner Pfanne, bis es sprudelt wie ein frisch gezapftes Pils.
Dann stichst du in der Mitte der Brotscheibe ein kreisrundes Loch aus.
Brotscheibe in die Pfanne.
Sie wird sofort schön knusprig.
In die Mitte, dort, wo du das Loch gepuhlt hast, haust du jetzt ein Ei.

Es sieht astrein aus.

Das Ei wird im Brot fest, und du hast – bei genügend hohem Restalkoholgehalt im Blut – das beängstigende Gefühl, aus deiner Pfanne würde dich ein Zyklop anglotzen.

Mit einer kleinen Schlange Mayonnaise aus der Tube kannst du dem Zyklopen Haare auf die Stirn zaubern und mit einer Prise Salz einen Bart.

Alles sofort heiß ans Bett der Geliebten bringen und dort aufessen.

Dieses altbewährte Rezept hat einen Nachteil. Man braucht dazu eigentlich eine Uhr.

Besser ist die musikalische Methode: Auf den LPs steht hinter jedem Song auf die Sekunde genau, wie lang er ist. Du suchst dir also eine fetzige Wachwerdemusik, die zwischen 3,5 und 4,8 Minuten dauert.

Wenn das Wasser im Topf sprudelt, legst du sanft die Plattennadel in die Rille, rennst im Takt der ersten Rhythmen zum Ofen und läßt die Eier in den Kochtopf fallen.

Wenn die Schlußtakte erklingen, drehst du die kalte Dusche voll auf.

Beim letzten Ton reißt du den Topf vom Herd, rennst damit ins Badezimmer, kippst das heiße Wasser ins Klo und stellst dich dann mit dem Eiertopf in der Hand unter die kalte Dusche, um die Eier abzuschrecken.

Dein Schrei gibt ihnen den Rest.

Die musikalische Methode hat vor der Uhr-Methode einen gewaltigen Vorteil:

Du vergißt garantiert auf die Uhr zu gucken, pennst vielleicht sogar wieder ein, und dann werden die Eier zu hart.

Die musikalische Methode hingegen hält wach, man braucht nicht hinzugucken, sondern nur hinzuhören, und außerdem ist der Dusch-Schock wichtig für den Rest des Tages. Dann hast du nämlich das Schlimmste schon hinter dir.

Es gibt Spezialisten, die piksen Löcher in die Eier, bevor sie sie in das heiße Wasser geben.

Das ist eine völlig sinnlose, vermutlich nur mystisch zu begründende Handlung.

Wenn du auch so ein Mystiker bist, nimm einen Sticker von deiner Jacke, piks ein Loch ins Ei und fertig.

Paß nur auf, wenn du morgens noch nicht ganz frisch bist... Fetzer hat sich mal aus Versehen das rohe Ei an die Lederjacke gepappt und seinen Stikker gekocht. Der Jacke tat es gut. Dem Sticker nicht.

Erwähnt sei hier auch das berühmte

HAMBURGER
HURENFRÜHSTÜCK

1 schwarze Tasse Kaffee
extrastark
und 1 schwarze, filterlose Zigarette

Diese Art des kalorienbewußten Frühstücks ist in letzter Zeit von Snobs mit einem zusätzlichen Glas Orangensaft verfeinert worden.

Natürlich erfreut sich das *HAMBURGER HURENFRÜHSTÜCK* auch außerhalb Hamburgs großer Beliebtheit bei Leuten, die gern die Nacht durchmachen oder unbedingt abnehmen wollen. Aber zu dem richtigen *HAMBURGER HURENFRÜHSTÜCK* gehört der Duft der Hafenluft . . .

NORDSEE IST MORDSEE oder DER TOD AUS DER ELBE

Das endgültige Katerfrühstück; ein Kinderspiel, auch für totale Küchenversager wie dich

Hast du schon einmal versucht, an einer Pommesbude oder in einer Fischbratküche einen Brathering zu essen? Pfui Teufel. Du schmeckst zwar keinen Fisch heraus, dafür aber drei verschiedene Konservierungsmittel. Zum Kloschrubben eignen sich diese Chemikalien vermutlich auch ganz gut, aber ob die wirklich eßbar sind?

Und dann erst die Brühe: riecht wie Urinproben. Schmeckt nur längst nicht so gut. Also echt, ich hab totales Verständnis dafür, wenn dich allein der Gedanke an eingelegte Bratheringe voll abturned.

Vergiß den ganzen Mist.

Unsere Bratheringe sind eine Offenbarung.

Unsere Bratheringe sind zart wie die Innenseite von Ritas Oberschenkel, kurz bevor sie kommt.

Unsere Bratheringe sind am Morgen danach wirksamer als Aspirin.

Unser Gericht *NORDSEE IST MORDSEE* oder *DER TOD AUS DER ELBE* kann fast ohne Geld hergestellt werden. Das teuerste daran sind die Heringe. Je nachdem, wo man wohnt – und ein bißchen kommt es auch auf die Jahreszeit an –, kostet einer zwischen sechzig Pfennig und 'ner Mark. Für den *TOD AUS DER ELBE* kann man aber auch jeden anderen heimischen Fisch nehmen. Und er muß nicht aus der Elbe sein. In fast jeder Großstadt kann man nachts dicke Karpfen aus dem Teich holen. Die sind gesund. Denn Giftmüll wird meist in der Nordsee verklappt und seltener im Stadtpark. Den Karpfen mußt du dann nur in heringsgroße Teilchen schneiden, und kein Mensch merkt den Schwindel. Eine Handvoll Mehl leiht dir jede Nachbarin. Über Salzbeschaffung haben wir ja schon in einem anderen Kapitel geredet. Was du aber besorgen mußt, ist Ostmanns Heringsgewürz. Die Firma hat dieses Buch übrigens nicht gesponsert. Dies ist auch keine Werbung für Ostmanns. Im Gegenteil. Wir sollten tunlichst verhindern, daß die Jungens dort in der Geschäftsführung etwas von meinem Tip erfahren, sonst gehen gleich die Preise in die Höhe. Für diesen Fall drohe ich jetzt schon an, das Rezept für Ostmanns Heringsgewürz in allen größeren Städten als Graffiti an die Wände zu sprühen.

Wir brauchen:
pro Nase mindestens 1 Hering,
am besten aber 5
2 Liter Regenwasser,
ersatzweise Leitungswasser
1 Handvoll Mehl
Schnapsglas voll Salz
2 Tüten Ostmanns Heringsgewürz
1 Sack voller Zwiebeln
Essig oder ganz sauren Wein
je nach Geschmack
ein paar getrocknete Chilischoten.
Diese Grundlage für jedes
gute Essen hast du ja eh
immer in der Tasche.

Wir nehmen frische Heringe. Keine eingelegten Rollmöpse, nichts aus der Tiefkühltruhe, sondern echte frische Heringe. Laß dich nicht von dem Gequatsche über Würmer im Fisch madig machen. Das interessiert nur die, die gerne auf hormonbehandelten Steaks herumkauen. So ein paar kleine Würmer stören einen richtigen Rocker nicht. Und außerdem gehen sie in unserer Brühe eh alle drauf.

Die richtigen Hardliner essen die Heringe natürlich mit Köpfen, solltest du aber Rücksicht auf Freundinnen oder Verwandte nehmen müssen, Kopf ab!

Ausgenommen sind die Fische meist schon. Wenn nicht, macht nix. Bauch aufschneiden, allen Schlabberkram rausnehmen und bei dem gehaßten Sparkassenfilialleiter, der dir den Kredit verweigert hat, auf das Dach des Einfamilienneubaus werfen. Dann Fische kurz wässern. Heißt: abspülen. Man kann dazu Wodka nehmen, Gin, oder weißen Rum. Auch einfaches Leitungswasser eignet sich. Völlig daneben sind: Eierlikör, Persiko, Jägermeister und all das andere klebrige Zeug.

Die Heringe dann mit Salz bestreuen und kurz in Mehl wälzen. Nein, nicht in Sägemehl, du Penner. Meinetwegen nimm Vollkornmehl oder diesen weißen Mist. Es schmeckt eh alles gleich. Der Sinn der Übung ist nur, daß die Fischhaut nicht in der Pfanne klebenbleibt, sondern schön knusprig wird. Kapiert? Also rein in die heiße Pfanne. Darin muß irgendein Öl Blasen werfen. Nimm keine Diätmargarine! Die besteht nämlich zum größten Teil aus Wasser. Wir wollen den Fisch aber nicht kochen, sondern braten. Sonst hieße er nämlich nicht Brathering, sondern . . . genau!

Nun wird es in der Pfanne knuspern und dampfen. Fang jetzt keinen neuen Flirt an, geh nicht ans Telefon. Unsere Arbeit steckt in der heißen Phase. Der Fisch muß nämlich ab und zu rumgedreht werden. Mach das wie du willst, hier sind deiner Phantasie keine Grenzen gesetzt.

Es gibt Leute, die behaupten, daß Heringe in der Pfanne stinken. Einige von denen meinen sogar, der Gestank hinge noch Wochen später im Hausflur. Das sind die Gestalten, die am liebsten Domestos riechen und lieber Spülmittel als Bier trinken. Laß sie reden! Die Putzmittel haben ihren Hirnzellen irreparable Schäden zugefügt.

Prima. Die Bratheringe wären also fertig. Ich weiß, jetzt möchtest du am liebsten alles aufessen, und in der Küche stehen ein paar Gestalten, die man dort sonst nie sieht. Sie schmeicheln dir und streichen um dich herum wie Politiker um die Großindustrie. Schnorr von ihnen Zigaretten oder was du sonst so brauchst.

Sie werden dir bereitwillig alles geben. Und dann schmeiß sie raus. Denn nun kommt der wichtigste Teil: die Brühe.

Alle Zwiebeln schälen und in Ringe schneiden.

Alles mit ein bißchen Salz und den Chilischoten in einen Bowletopf oder einfach in einen Putzeimer, falls du so was hast. Zwei Liter Wasser drauf. Das sind vier volle Bierpullen.

Jetzt die Tüten mit Ostmanns Heringsgewürz aufreißen und über dem Eimer auskippen.

Hast du alles astrein hingekriegt. Jetzt Essig rein oder den supersauren Wein.

Umrühren.

Die gebratenen Heringe in die Brühe gleiten lassen.

Jetzt kommt der schwierigste Part. Die ganze Schose muß noch gut drei bis vier Tage stehen. Am besten nicht in der prallen Sonne.

Danach hast du das beste Katerfrühstück der Welt. Am stärksten wirkt es, wenn man es schon abends ißt.

Die Bratheringe werden mit einem Berg Zwiebeln aus der Brühe verspeist. Dazu trinkt man ein Glas von der Brühe. Pur oder auch als Cocktail. Läßt sich sehr gut mit Rum mischen: eine wahre Hilfe bei

Husten und Heiserkeit. Gut ist die Brühe auch mit Martini (dry) oder mit Brandy.

Überhaupt nicht schmeckt der Drink mit Amaretto.

Brennessel- und andere Grünzeugsgerichte

Auch der verwegenste Typ macht einen leicht bescheuerten Eindruck, wenn er spinatkauend mit Schlabberlätzchen um den Hals in der Küche sitzt.

Leider hat ja fast alles Gemüse den Geruch von vollgekackten Windeln und Aletebrei. Ab und zu muß man aber etwas Gesundes essen, und sei es nur, um eine grüne Frau zu beeindrucken oder um vorzeitigen Zahnausfall zu verhindern. Richtigen Männern wird bei dem Wort grüner Blattspinat genauso schlecht wie bei Haferschleim oder Milchreis oder Blumenkohl.

Nur Muttersöhnchen würgen so etwas ohne Gesichtsverlust runter.

Typen wie wir verwenden statt Spinat:

BRENNESSELN!

Damit beeindruckt man die Apothekertöchter mindestens ebenso tief wie die »Gesünder-leben-Tanten« oder die Charles-Bukowski-Fans. Brennesseln sind in jeder Hinsicht der Knaller. Echt. Und es gibt sie umsonst. Die meisten Menschen halten sie sogar für Unkraut. Noch nie wurde jemand wegen Brennesseldiebstahl eingelocht. Also: eine völlig ungefährliche Beschaffungsmethode. Man kann das Zeug am hellen Tag überall einfach mitgehen lassen.

Grundsätzlich kann man Brennesseln wie Spinat behandeln. Nur: Brennesseln sind vielseitiger, oder hat schon mal einer getrockneten Spinat als Tee aufgebrüht oder als Tabak geraucht? Sogar als Suppengewürz sind getrocknete Brennesselzweige der Bringer. Was man von Spinat nicht behaupten kann. Schon meine Großmutter, die in ihrem Herzen eine Punkerin war, wußte: Brennesseln schützen vor Blitzschlag, Gicht, Triefaugen, Zahnausfall, Zinswucher und sind Sinnbild für brennende Liebeswunden.

BRENNESSELSUPPE

Wir brauchen:

Mut und starke Nerven
jede Menge Brennesseln
heißes Wasser
Brühwürfel
bißchen Milch oder Obstschnaps
2 Eier oder Eierlikör
paar Schluck Weißwein
falls vorhanden, Pfeffer, Salz,
Muskatnuß

Armvoll frischer Brennesseln kleinhacken und in großen Topf drücken. Wer auf Fleischeinlagen wie Blattläuse, Ohrenkneifer und Ameisen keinen Wert legt, kann die Brennesseln vorher heiß abwaschen (es soll ja Vegetarier geben).
Mit einer Bierflasche einen halben Liter Wasser abwiegen, heißmachen und Brühwürfel reinwerfen.

Warten, bis es blubbert und ganz gelb wird.
Schluck Milch rein.

Klingt schlimmer als es ist, geht natürlich auch ohne. Man kann statt dessen auch einen guten Obstschnaps verwenden. Salz, Pfeffer, Muskat, Weißweinreste vom Vortag reinkippen. Lee schwört darauf, alles mit zwei Eigelb zu verfeinern. Wer es nicht bringt, das Eiweiß vom Eigelb zu trennen, kann zwei ganze Eier mit Schale reinwerfen. Nur gekocht sollten sie nicht sein. Die Eierschale ist gut für den Kalkgehalt der Knochen, und wir wollen heute ja mal was Gesundes auf den Tisch bringen.

Wer Eier absolut nicht auftreiben kann, soll statt dessen Eierlikör verwenden. Wenn man das Zeug schon nicht trinken kann, kochen kann man damit.

Einige Freaks gießen auch noch Sahne rein. Schaden kann es nicht. Ebensowenig wie altes Brot, was noch vom Zoobesuch übriggeblieben ist.

Alles kochen lassen, bis es kräftig riecht, und dann nur nicht bangemachen lassen. Das Zeug sticht nicht mehr. Schmeckt aber dafür super.

Noch so ein astreines Brennesselgericht:

SCHMERZLICH BRENNENDE LIEBESWUNDE MIT EI

Falls du mal vor Liebeskummer kaum noch aus den Augen gucken kannst, die Nächte durchsäufst und am Tage rumrennst wie ein angeficktes Kaninchen, hilf dir selbst und ernte Brennesseln, aber immer mit Handschuhen, und verwechsele sie bitte nicht mit Disteln. Am besten sind die jungen Zweigspitzen, die von der Blüte von März bis Juni geerntet werden. Das ist bekanntlich auch die beliebteste Liebeskummerzeit, wenn alle Welt Arm in Arm durch die Parks flaniert und du einsam bleibst wie der Typ in der Werbung, dessen Deodorant versagt hat.

Dies hier hilft. Am besten, wenn du es bei leiser Musik und Kerzenlicht zusammen mit einer schönen Frau ißt, die zufällig die gleichen Sorgen hat wie du.

Zur Behandlung deiner
SCHMERZLICH BRENNENDEN
LIEBESWUNDE MIT EI
brauchst du:

natürlich ein paar Eier,
mindestens aber 2 –
besser 2 Dutzend
dann Brennesselblätter
mageren Speck
1 Töpfchen Crème Fraîche,
wenn nicht, ist auch nicht schlimm,
oder geriebener Käse
Salz
Basilikum
schwarzer Pfeffer

So wird es gemacht:

Der Frau tief in die Augen sehen, etwas von Einsamkeit säuseln und wie schlimm es für einen Mann wie dich ist, täglich alleine zu kochen und dann auch noch einsam zu essen und abzuspülen.

Wenn sie eine von den Emanzen ist, die weder kochen noch abspülen können, wird sie dich vermutlich damit trösten, dir beim Essen behilflich zu sein.

Du legst also die passende Scheibe auf, keine Angst vor Kerzenlicht, einen Typ wie dich macht das nur noch interessanter, dann einen Schluck vorweg und nun zauberst du für sie:

Eine *SCHMERZLICH BRENNENDE LIEBESWUNDE MIT EI*

Brennesselblätter rasch waschen und kurz mit sehr heißem Wasser überbrühen.

Es sieht unheimlich cool aus, wenn du dabei die Zigarette nicht aus dem Mund nimmst, sondern sie lässig im Mundwinkel hängen läßt. Die Szene solltest du aber vorher proben, weil es einen total bescheuerten Eindruck macht, wenn du Rauch in die Augen kriegst und dich mit Wasser verbrühst oder so. Also, das hätten wir. Wetten, sie ist schon ganz heiß auf dich, weil sie es unheimlich irre findet, daß ein Typ für sie kocht, und dann noch so ein ausgeflipptes Zeugs und nicht das übliche Junkfood.

Jetzt Speck klein würfeln, in der Pfanne anbraten.
Brennesselblätter hinzufügen, mit Salz, Pfeffer und Basilikum vorsichtig einige Minuten dünsten lassen.
Jetzt nicht die Frau anbaggern, sondern schön in der

Pfanne rumrühren, dann die Eier vermischt mit der Crème Fraîche oder dem geriebenen Käse oder auch pur drübergießen, einigermaßen fest werden lassen und dann kurz vor dem Anbrennen mit Weißbrot servieren.

Sie fragt dich garantiert, woher du das Rezept hast, dann sag bloß nicht: aus Klaus-Peter Wolfs Rocker-Kochbuch! Sag lieber etwas Romantisches, zum Beispiel: »Von meiner Lieblingsoma. Es ist ein Gericht gegen eine schmerzlich brennende Liebeswunde. Sie hat es von ihrer Mutter bekommen, damals in der schlechten Zeit, als Opa so lange an der Front war.«

Damit klärst du auch ohne viele Worte den etwas ärmlichen Eindruck, den das Essen auf Typen machen könnte, die gewöhnt sind, mit ihrer Diners-Club-Karte zu bezahlen.

Wetten, daß sie nach dem Essen ganz wild darauf ist, dich zu trösten?

Wenn nicht, dann erzähl ihr, deine Oma hätte dir auch eine altdeutsche Art der Ganzkörpermassage beigebracht. Vielleicht nimmt sie dir sogar ab, es sei gut für die Verdauung oder zumindest für die Seele oder den Körper oder besser noch für beides.

Falls du kein Massageöl im Haus hast, ein rohes Ei tut es auch. Olivenöl eignet sich, ja sogar Margarine, aber nimm keinen Ketchup, damit jagst du auch die gutmütigste Frau aus dem Haus.

Wie Lee DER LETZTE und DER VORLETZTE SCHREI erfand

Das zwanghafte Gefühl, vollkommen sein zu müssen, um geliebt zu werden, das die Menschen zu täglicher Hektik treibt und ins Unglück, kannte Lee nicht.

Er war ein unverfrorener, lebenslustiger Flegel.

Mit zwerchfellsprengendem Humor. Sein schadenfrohes Lachen konnte alle Mauern bürgerlichen Spießertums niederreißen. Dem rasenden Schwachsinn der Welt stand er gelassen schmunzelnd gegenüber. Er brauchte dazu nicht einmal Joints.

Er war naturstoned.

Er liebte das Leben und die Frauen so sehr, daß sie nur eine Chance hatten: Sie liebten ihn zurück.

Aber eines Tages zogen für Lee dunkle Wolken am Horizont auf: Susie beschloß, Lee ihren Eltern vorzustellen. Susie war so etwas wie eine eiserne Jungfrau, ein Typ, der ja eigentlich nicht mehr recht in diese Welt paßt, aber gerade das fand Lee vermutlich so anziehend. Ihr erschrockenes Gesicht, wenn er seine Zoten riß. Die Art, wie sie die Augen verschämt senkte, wenn sie sagte: »Ferkel.«

Und erst ihre Tischmanieren! Lee, weil zu faul zum Spülen, trank aus der Flasche und aß mit den Händen. Sie dagegen benutzte sogar Messer und Gabel, wenn sie ein Marmeladentoastbrot zwischen ihre zweifellos sinnlichen Lippen schob.

Lee schlürfte derweil die Suppe vom Tellerrand, ohne einen Löffel unnötig schmutzig zu machen.

Aber nun gab es für Lee ein Problem: Der Blödmann hatte nämlich in einer schwachen Stunde etwas von ewiger Liebe gesäuselt, und daß er sich ändern wolle, ein anständiger Mensch werden und all solchen Mist. So hatte er ihr Stück für Stück die Klamotten einzeln vom Leib gequatscht. Es muß eine halbe Ewigkeit gedauert haben, und zum Schluß versprach er ihr sogar die Ehe. Jetzt machte sie Ernst. Ihre Eltern sollten sich ein Bild von ihm machen; sie schlug vor, er solle vorher zum Frisör gehen und sein neues Leben auch in »anständiger Kleidung« beginnen. Vielleicht hätte ihr Vater sogar einen Job für ihn, denn ihr Daddy hatte bessere Beziehungen als eine Marionette Fäden.

Lee wurde ganz schlecht vor Angst. Er erzählte ihr zunächst, sie sei viel zu gut für ihn und hätte einen besseren verdient, aber damit kam er nicht durch. Sie liebte die aufopferungsvolle Tour, nach dem Motto, ich weiß, wie schlecht du bist, aber ich werde dich schon ändern. An deinen eigenen Haaren werde ich dich langsam aus dem Sumpf von Sex, Alkohol und Müßiggang herausziehen. Sie war wild entschlossen, ihn zu retten, nur: Lee fühlte sich in dem Sumpf wohl wie ein Trüffelschwein.

Er versuchte ihren missionarischen Eifer auf andere Personen zu lenken, die angeblich noch schlechter dran waren als er. Aber sie hatte sich entschieden, er sollte ihr Pflegefall werden.

Für den Besuch ihrer Eltern richtete sie unsere Bude her. Erst putzte sie die Fenster. Im Ernst. Und dann, damit niemand durch die klaren Scheiben von draußen reingucken konnte, schaffte sie es sogar, Gardinen aufzuhängen. Es wurde jetzt morgens ekelhaft früh hell bei uns. Die Gardinen nutzten da wenig. Rolläden hätten wir gebraucht! Und wie uns erst dieses Staubsaugen auf den Keks ging! Ihre Eltern kamen. Wir anderen verzogen uns vorsichtshalber in die Eckkneipe.

Susie legte eine weiße Papiertischdecke auf und ordnete reizend Messer und Gabel neben den Tellern an, während Lee in der Küche leicht vom besprochenen Menü abwich. Sie fand es niedlich, daß er für sie und ihre Eltern kochen wollte, und ahnte nichts von seiner Löwenzahnkreation.

Den *VORLETZTEN SCHREI* servierte Lee zuerst.

Seine zukünftigen Schwiegereltern behielten mühsam die Fassung und zauberten Sprüche aus dem Hut wie: »Originell, was die jungen Leute heutzutage so alles essen.« Dann trug Lee seine *BELLENDEN SPAGHETTI* auf (siehe Nudelgerichte).

Vielleicht hatten die Alten von ihr ewig nichts gegessen, oder sie würgten aus Höflichkeit alles runter, jedenfalls verputzten sie die *BELLENDEN SPAGHETTI* restlos. Dann servierte Lee den *LETZTEN SCHREI*. Er begründete es damit, daß Pudding zum Nachtisch so ein übler Dickmacher sei, und da er noch genügend Bettpisser besaß, hatte er eben daraus mit einer neuen Soße ein ganz besonderes Dessert gezaubert. Während ihm schon die ersten Tränen über die Wange kullerten, erzählte Lee jetzt, wie seine *BELLENDEN SPAGHETTI* zu ihrem merkwürdigen Namen gekommen sind.

Susies Mutter blieb der *LETZTE SCHREI* im Halse stecken. Beide Elternteile weinten, aber nicht aus Kummer, sondern wegen der Soße, als sie ihre Tochter zum Ausgang zerrten.

»Warum hast du mir das angetan?« schluchzte Susie.

»Weil du zu gut für mich bist«, rief Lee ihr hinterher und hörte noch ihre Worte im Flur: »Ich verzeihe dir!«

Ziemlich gut gelaunt erschien er in der Eckkneipe, schmiß eine Runde und lachte: »Ich hab oben noch was zum Beißen für euch. Trinkt aus und laßt uns gehen.«

Eine anständige Currywurst wäre uns zwar lieber gewesen als so ein Grünzeugs, aber es schmeckte uns trotzdem. Nur machte es leider nicht satt, sondern durstig.

Löwenzahnsalat DER LETZTE SCHREI – eine seltene Köstlichkeit

Löwenzahnblätter (auch »Bettpisser« genannt) sind ganzjährig verwendbar; Blüten von April bis Juni und die Wurzeln vom Frühjahr bis zum Herbst. Aus Löwenzahnblättern kann man schönen Salat machen, und sie können wie Brennesseln verwendet werden oder als frische Zutat in Suppen. Die Blüten kann man zu Wein, Honig und Gelee verarbeiten, ist aber mühselig und viel zu arbeitsintensiv. Billi-

gen Honig gibt es schließlich an jeder Ecke und Wein auch. Aber die getrockneten Löwenzahnwurzeln ergeben einen guten Tee oder können wie Spargel gegessen werden.
Zunächst muß man den städtischen Hasen die besten und frischen Löwenzahnblätter klauen, dann Löwenzahnblätter waschen, von Hundeurin befreien und trocken tupfen. Das war es schon. Jetzt noch eine furiose Soße, und die Schwiegereltern können zu Besuch kommen.

Für die sachgerechte Herstellung
der Soße benötigst du:

1 Tube scharfen Senf –
muß kein Löwensenf sein
½ Glas Weinessig, hast du
wahrscheinlich nicht im Hause,
ganz saurer Wein tut es auch
1 Prise Zucker, Salz, weißer Pfeffer
2 Likörgläser Sonnenblumenöl
(Achtung für alle Anfänger:
Kein Sonnenöl verwenden,
das schmeckt nicht.
Man kann zwar im Schwimmbad
problemlos Sonnenblumenöl
auf die Haut reiben,
in der Küche aber
umgekehrt niemals Sonnenöl
in Schüsseln oder Pfannen schütten!)

Bis dahin schmeckt es toll, wenn man aber einen abschreckenden Effekt haben will, jetzt zwei getrocknete rote Peperoni zerreiben und hinein in die Soße. Alles durcheinandermengen und über die Löwenzahnblätter geben, und fertig ist unser Salat: *DER LETZTE SCHREI!*

DER VORLETZTE SCHREI –
für edle Genießer

alles wie oben, nur die Soße wird viel raffinierter

Du brauchst:

1 gehackte Zwiebel
1 hartgekochtes Ei,
kleingehackt,
halbes Weinglas voll Öl
gleiche Portion Essig
Salz, weißer Pfeffer
Dill, Petersilie
falls die Kräuter nicht vorhanden,
tut es im Ernstfall auch
ein guter Kräuterschnaps

Alles einfach zusammenrühren und über die gewaschenen Löwenzahnblätter kippen.

Echt *DER VORLETZTE SCHREI!*

Geile Desserts

(blitzschnell, lecker und echt billig)

Wenn du auch zu denen gehörst,
die Desserts immer mit Dessous verwechseln,
so kann ich dir den Unterschied verraten:
Beides ist zwar schmeichelhaft leicht,
bunt und meist duftend,
aber Dessous kriegt man im allgemeinen
zu sehen, bevor die eigentliche
Sache losgeht.
Desserts dagegen gibt es meist erst nach
der Hauptmahlzeit.
Also wenn man im Grunde schon satt ist.
Sozusagen als Abschluß.
Während Dessous erst richtig Hunger
machen sollen.
Wir beschäftigen uns jetzt mit Desserts.

FLAMMENDES INFERNO

oder »Schrecken aller progressiven Ehemänner«

Fetzer war völlig mit den Nerven runter, so schlimm sah er sonst nur kurz vor dem Ersten aus.

Als ich ihn so nägelkauend mit hektischen Blikken in der Küche stehen sah, sprach ich eiskalt meine Vermutung aus:

»Du hast den Scheiß-Job also doch angenommen?!«

Fetzer lachte bitter.

»Wenn's nur das wäre! Ich könnte ja einfach wieder in den Sack hauen, darüber würden mir keine grauen Haare wachsen. Es ist aber leider alles viel schlimmer.«

»Dann ist Gabi wieder zu ihrem Ex-Mann zurückgegangen!« orakelte ich.

»Zurückjubiliert«, verbesserte Fetzer mich.

»Sei froh, daß du sie los bist! Sie war zu anspruchsvoll, zickig und ...«

»... und nachtragend!« hauchte hinter mir ihre unverwechselbare Whiskystimme. Sie stand im offenen Bademantel lässig an den Kühlschrank gelehnt. Wäre sie nur halb so toll gewesen wie ihre Stimme, Fetzer hätte in mir einen gnadenlosen Konkurrenten gehabt, aber so ...

Ich bemühte mich, sie zu ignorieren und wendete mich an Fetzer: »Hat sie etwa hier gepennt?« fragte ich ungläubig.

Gabi antwortete für Fetzer: »Muß er neuerdings um Erlaubnis fragen, wenn er Damenbesuch mit aufs Zimmer nehmen will?« spottete sie angriffslustig.

Dieser Ton ging mir echt auf die Eier, und mit einem mitleidigen Blick auf meinen zerknirschten Freund Fetzer wollte ich gerade losbrüllen, daß wir verdammtnocheinmal eine Männer-WG sind, aber sie erklärte mir unaufgefordert ihr neues Liebesleben, was Fetzer noch weiter runterzog.

»Ja, ich bin zu meinem Ex-Mann zurückgegangen. Und es ist mir völlig egal, ob ihr ihn für einen beknackten Spießer haltet oder nicht. Er weiß wenigstens, wie man eine Dame behandelt.«

Ich wollte zu Fetzers Verteidigung seine Dankesschreiben von befriedigten Damen aus dem In- und Ausland erwähnen, aber sie war noch lange nicht fertig.

»Vielleicht braucht jede Frau zwei Männer. Einen soliden, auf den sie sich verlassen kann, und einen nichtsnutzigen Penner wie den da...«, philosophierte sie los und zeigte auf Fetzer.

Ich mußte mich setzen. Vorher griff ich aber noch zwei Dosen Bier aus dem Kühlschrank und riß sie auf. Eine drückte ich Fetzer in die Hand, eine kippte ich selber.

»Unsere Ehe ist in eine neue Phase getreten«, quatschte sie weiter, »wir führen jetzt eine offene Zweierbeziehung. Er weiß, daß ich ihn brauche, und er akzeptiert, daß er mir nicht genug ist. Ich brauche eben auch Fetzer. Pussilein findet ihn außerdem nett.«

Ich blickte ratlos von dem stummen Fetzer zu

Gabi und zerknüllte die leere Dose. Gabis Bademantel baumelte um ihren Körper wie ein Bilderrahmen um ein Aktfoto. War das alles ein Jux? Wollten die mich hier restlos fertigmachen?

»Außerdem meint Pussilein, daß es für unsere Beziehung gut wäre, wenn Fetzer und er sich besser kennenlernen würden. Er kommt heute abend zum Essen.«

Triumphierend sah sie mich an. Ich legte die Füße auf den Tisch, nahm dem apathischen Fetzer die Bierdose wieder ab, trank sie leer und pfefferte sie in Richtung Abfalleimer. Ich verfehlte ihn nur knapp.

»Warum setzt du die Perle nicht an die Luft, Fetzer? Sie ist ungesund für dich. Schlimmer als eine asiatische Grippe oder geregelte Arbeitszeit.«

Die Antwort mußte auf der Tischplatte eingraviert sein, denn dort starrte Fetzer hin, als müsse er sie ablesen.

»Weil ich sie liebe.«

Jetzt war ich echt fertig. Ich begriff, daß mein alter Kumpel bis zum Hals in Problemen steckte.

»Du müßtest dich jetzt mal sehen!« grinste Gabi. »Du siehst aus wie der letzte Spießer, der die original Egerländer Blaskapelle sehen wollte und auf einem Heavy Metal-Festival gelandet ist.« Sie packte ihren heraushängenden Obstgarten wieder in den Bademantel, zürnte ihn zu und ließ uns zerschmettert in der Küche sitzen, während sie sich im Badezimmer aufstylte und mit irgendeinem Stinkzeug das Ozonloch über der Erde um einige Kubikmeter

erweitern half. Abends kam ihr Typ dann wirklich, und er war, wie solche Figuren eben sind: unheimlich nett, ein echt dufter Kerl, geradeheraus und unheimlich offen. Kurz: ein echter Karriereturnschuh.

Die anderen verzogen sich, aber ich ließ Fetzer nicht im Stich.

Pussilein hatte das Abendessen gleich mitgebracht. Allerdings in rohem Zustand. Er fand, so eine gemeinsame Arbeit schweiße doch irrsinnig zusammen, und wollte, daß sich alle gemeinsam am Kochen beteiligten. Damit sich jeder so richtig voll einbringen konnte, hatte er auch gleich noch drei Schälmesser mitgebracht. Es sollte nämlich Obstsalat mit Joghurtdressing geben.

Ich sagte ihm, daß er einfach nur ein fauler Hund sei und ein knausriger dazu, denn mit Steaks hatte ich zumindestens gerechnet.

Er reagierte cool, hatte natürlich Verständnis für meine Gefühle, weil er wußte, daß sie nur einer unterbewußten Angst in mir entsprangen. Ich sollte meinen Emotionen ruhig freien Lauf lassen, schlug er großzügig vor, und ahnte nicht, wie rasend er sich damit auf ein blaues Auge und einen Satz heißer Ohren zubewegte.

Aber irgendwie schaffte er es doch, uns zu Klump zu labern, während wir brav Äpfel und Birnen schälten, frische Ananas zerteilten, Kiwis würfelten und uns sogar dazu bringen ließen, Weintrauben abzupellen. Er hatte keine Zeit für solche Banalitäten. Er redete nämlich unablässig und brauchte dazu auch seine Hände. Wir erfuhren, wie erschrokken er war, weil Gabi ihm von unseren Eßritualen erzählt hatte. Er sagte tatsächlich »Ritualen«.

Natürlich ernährten wir uns völlig falsch, und er wußte, wie es richtig ging.

Fettpfannen lehnte er ab, und Fleisch sowieso.

Unsere Nudeln enthielten angeblich Becquerelwerte. Ich fragte nicht nach, was er damit meinte, aber es machte ihm Angst, und das wiederum war mir an diesen Dingern echt sympathisch. Er zählte auf, wie viele Vitamine unser Obstsalat enthalten würde, und so wie er davon schwärmte, mußte einen dieses Obstzeugs zu einer Art Supermann machen. Ich fragte mich nur, warum Gabi dann ihren Fetzer noch nötig hatte.

Unnötig zu erwähnen, daß Pussilein auch Antialkoholiker war, aber frei von Vorurteilen uns Säufern gegenüber.

»Ich habe nichts dagegen, wenn ihr in meiner Gegenwart trinkt!« flötete er, und Fetzer brummte: »Das wäre ja auch noch schöner.«

Wir hatten gut zwei Kilo Obst zerkleinert und zu einem Vitaminberg in seiner mitgebrachten Kristallschüssel aufgehäuft, da kippte Fetzer versehentlich das Joghurtdressing über Pussileins Baumwollhemd. Er behielt die Fassung, verschwand im Badezimmer, um sich zu reinigen, und ich schlug vor, ein anderes Dressing anzurühren, um ihn zu trösten.

Joghurt hatten wir nicht im Haus. Auch keine Schlagsahne, aber Zucker und Stroh-Rum.

Eine Tüte Zucker kippten wir in einen Eimer, einen halben Liter Stroh-Rum dazu und verrührten alles hastig. Dann gossen wir die klebrige Masse über den Obstberg und hielten ein Streichholz dran.

Gerade als die Flammen hochloderten und Gabi vor Begeisterung in die Hände klatschte, kam Pussilein mit nacktem Oberkörper aus dem Bad zurück.

Er war, milde gesagt, schockiert.

Während Gabi und Fetzer bereits nach den ersten Alkoholfrüchten fischten. Besonders irre schmeckten die, auf denen jetzt eine braune Zuckerschicht klebte.

Auspusten konnte man die Flammen nicht. Ich löschte den Brand mit einer Flasche Weißwein. Pussilein hatte sie mitgebracht. *CHABLIS* stand auf dem Etikett. Ich kannte die Sorte nicht, aber zum Flammen ersticken reichte der Tropfen. Pussilein wurde jetzt echt sauer.

Er nannte uns ordinäre, geistlose Schweine, die nichts weiter vorhätten, als seine Frau zu vögeln.

Fetzer hob protestierend die Hände, aber ich gab ihm zumindest in dem letzten Punkt völlig recht.

Er stürzte zur Tür und brüllte: »Komm, Gabi, wir gehen.«

Aber Gabi blieb. Schließlich führten sie doch eine offene Ehe, und da entschied sie selbst, wann es Zeit war zu gehen. Der Stroh-Rum hatte achtzig Umdrehungen. Gut dreißig davon hatten die Flammen geschluckt, aber die restlichen fünfzig reichten für einen geselligen Abend aus. Fetzer sah schon wieder viel besser aus. Wahrscheinlich war das Zeug eben doch gesund.

Wir aßen fast alles auf. Nur einen kleinen Rest

ließen wir fürs Frühstück. Und weil Gabi es ja mit einem Mann alleine nicht aushielt, sprang ich ein.

Es war die Nacht, in der der Lattenrost in Fetzers Bett endgültig den Geist aufgab und er kapierte, warum alle anderen ihre Matratzen einfach auf den Fußboden legten.

Die Zubereitung von *FLAMMENDES INFERNO* ist äußerst simpel, auch für totale Küchenversager und kulinarische Ignoranten bestens geeignet.

Wir brauchen:

Obst, alle Sorten okay
Zucker – mindestens 2 Händevoll
hochprozentigen Schnaps
1 Flasche Weißwein

Aufgepaßt! So wird es gemacht:
Jede Menge Obst schälen und kleinhacken.
Alles in einen feuerfesten Topf werfen.
Joghurtdressing wegkippen.
Zucker mit Stroh-Rum oder anderem Schnaps verrühren, Sorte spielt keine Rolle, aber der Fusel muß mindestens sechzig Prozent haben. Also um Himmels willen keine Likörchen, schließlich feiern wir hier keinen Kindergeburtstag.
Zucker und Schnaps gut verrührt über Obst gießen.
Zigarette reindrücken oder Streichholz dranhalten.
Den Flammen zugucken, Vorfreude genießen.
Mit Weißwein löschen. Sorte spielt keine Rolle, schmeckt man sowieso nicht raus. Aber mit dem

Schabau kann man nicht löschen, dann werden die Flammen nur noch gieriger.

Bei Damen besonders beliebt ist die stilvoll servierte

PEANUTSBOMBE

Wir brauchen:

1 Tüte Erdnüsse
Amaretto
1 Weinglas

Zubereitung: Erdnüsse in Weinglas kippen. Amaretto drüber, und das Ganze sofort servieren. Die Peanutsbombe wird nicht getrunken, sondern langsam ausgelöffelt.

Richtige Männer verwenden nur gesalzene Erdnüsse.

Softies nehmen meist ungesalzene, und Feinschmecker oder Gesünder-Leben-Freaks knacken sogar für die Peanutsbombe eigenhändig frische Erdnüsse.

Alle drei Varianten sind bekömmlich, und der eigenartige Geschmack prägt sich jedem für lange Zeit ein.

Falls du experimentierfreudig bist, hier einige Vorschläge:

Versuch einmal alles mit Haselnüssen.

Oder mit Walnüssen.

Sogar von Experimenten mit Paranüssen habe ich gehört.

(Guter Tip: vorher knacken.)

Uwe Köwitsch hat es mal mit Kokosnüssen versucht.

Die Idee war nicht so gut.

Sie paßten nicht ins Weinglas.

Amaretto ist als Soße für Nüsse unübertroffen. Mir sind aber auch Experimente mit Pfefferminzlikör bekannt.

(Was soll man sonst mit dem Mist machen? Trinken kann das Zeug ja kein Mensch.)

Gute Ergebnisse wurden gerüchtehalber auch mit Ricard erzielt. Aber du wirst bestimmt schon bald deine eigene Hausmarke für dich entdecken. Solltest du auf eine besonders originelle Variante kommen, teil sie mir bitte mit.

Klaus-Peter Wolf, 5249 Bruchertseifen

Straßenbezeichnung kannst du dir klemmen. Die Leutchen hier wissen, wo ihr Dichter wohnt.

DIE ZAUBERWELT DER CREMES

Es gibt Hunderte verschiedener Cremes. Schlemmercreme. Traumcreme. Vanillecreme. Himbeercreme. Schokoladencreme. Sahnecreme. Schlechte Creme. Creme del la Creme. Lockere, leichte, schwer verdauliche, ungenießbare, giftige, potenzfördernde und triebhemmende Creme. Und das Tolle ist: Du kannst sie alle in Sekundenschnelle zubereiten.

Jawoll, es klingt unglaublich, ist aber wahr!

Du brauchst:

1 Packung deiner gewünschten Creme
2 Tassen Milch

So wird es gemacht: Du kaufst eine Packung Softcreme-Pulver. Sehr gut ist die Schlemmercreme. Preislich liegen fast alle Cremes zwischen sechzig und neunzig Pfennig. Es gibt auch schon mal Sonderangebote. Du solltest sie nutzen. Der Inhalt wird nicht schlecht. Vermutlich kommt nur ein neues Verpackungsdesign auf den Markt, deshalb müssen die alten Verpackungen verschwinden. Ich habe schon köstliche Cremes für neunundzwanzig Pfennig gekauft. Natürlich gleich auf Vorrat. Wenn man bedenkt, daß eine Packung für zwei, manchmal gar drei Portionen reicht, ist der Preis akzeptabel.

Es muß auf jeden Fall auf der Packung stehen: ohne Kochen.
Du schüttest deine zwei Tassen Milch in einen Eimer. Den Packungsinhalt hinterher.

(Vorsicht, das Zeug staubt. Man sollte es nicht einatmen. Auch als Schnupftabak sind fast alle Sorten ungeeignet.) Jetzt rührst du alles mit einem

Schneebesen um. Ein Schneebesen heißt zwar Schneebesen, hat aber weder mit Schnee noch mit Besen ernsthaft etwas zu tun. Also nimm nicht das falsche Instrument, sonst wird die Küche so vollgesifft. Vermutlich hast du eh keinen Schneebesen zur Hand.
Nimm, was du findest. Eine Gabel. Deine Finger. Die alten Speichen aus Joes Motorrad. Egal. Hauptsache, du quirlst alles kräftig durch.
Das dauert zwei bis drei Minuten, je nachdem, wie heftig du reinhaust. Dann hast du eine sahnige, lokkere Creme.
Die gießt du nun in die Tassen zurück und stellst alles kalt.
Schon fertig.

Willst du dir nicht einfach was Leckeres, Süßes in den Kopf hauen, sondern das Herz einer Dame erobern, dich bei den Nachbarskindern für deine kaputten Stereoboxen entschuldigen, oder mußt du dich sonstwie ins rechte Licht rücken, dann nimm Sektkelche und schichte zwei oder drei verschiedenfarbige Cremes aufeinander. Das ist leicht. Du darfst aber die neue Farbe immer erst dazugießen, wenn die erste schon kalt geworden ist. So entstehen herrliche Ampeln.

Uwe Köwitsch, das alte Schlemmermaul, schaffte einmal acht Sorten übereinander. Ein Fest fürs Auge. Zum Aufessen zu schade.

Uwe nahm (von unten nach oben)
Vanille (gelblich)
Erdbeer (rot)

Waldmeister (grün)
Nuß (hellbraun)
Kokos (weiß)
Schokolade (dunkelbraun)
Himbeer (rosa)
Heidelbeer (blau)

Die Farbkombinationen kannst du nach Belieben mischen. Geschmacklich ändert sich nichts.

Alle werden dich für einen liebevollen Koch halten.

Sollte man dich nach dem Rezept fragen, zucke nur untertreibend mit den Schultern. Das vergrößert deinen Ruf, ein Meisterkoch zu sein.

Es muß keiner wissen, daß du nur wahllos Tüten aus dem Sonderangebot gemischt hast.

EAT ART
Desserts als Kunstwerke

Foodfotografen haben mit ihren sündhaft teuren Bildchen dafür gesorgt, daß volle Teller aussehen müssen, als hätte ein alter Meister sie gemalt. Es geht weniger um Geschmack als um Farbkombinationen. So aufgemachtes Essen gehört ins Museum. Man kann es sich auch an die Wand nageln, aber für einen hungrigen Magen ist das nichts.

Uwe entwickelte eine ganz neue Dimension der sozialkritischen Foodfotografie und Essensdekoration. Gemeinsam mit Atze wagte er die Theorie, daß sich die Zeit des bürgerlich-ästhetischen Fressalien-Designs nicht erst seit den Fast-food-Happenings der Mikrowellen-Artisten der frühen achtziger Jahre überlebt hat, sondern eigentlich schon in ihren Anfängen, in Ermangelung jeder gesellschaftskritischen Relevanz rein dekorativ, sprich geschmäcklerischen Ursprungs war. Also abzulehnen. Phu. Astrein zitiert. Hab ich auswendig gelernt. Solche Sprüche machen sich immer gut, wenn man mal um seine Meinung gefragt wird. Der Satz ist übrigens auch auf Autos, Badeanzüge, Naturjoghurts, Damen- und Herrenmode und sämtliche Musikstile anwendbar. Man muß lediglich die entsprechenden Worte auswechseln. Das klingt dann so:

Gemeinsam mit Atze wagte er die Theorie, daß sich die Zeit des bürgerlich-ästhetischen Gitarrensolos nicht erst seit den Rock-and-Roll-Happenings der Bühnenartisten der frühen achtziger Jahre überlebt hat, sondern eigentlich schon in ihren Anfängen, in Ermangelung jeder gesellschaftskritischen Relevanz rein dekorativ, sprich musikgeschmäcklerischen Ursprungs war. Also abzulehnen.

So, nun testen wir mal, ob du den Satz auch geschnallt hast. Sag den ganzen Mist jetzt bitte mal mit Naturjoghurt auf oder »besonders weichem Klopapier«, wenn dir das mehr liegt.

Jedenfalls läuteten Uwe und Atze das neue Zeitalter der sozialkritisch-revolutionären Essensdekoration ein, als sie den Harrisburger erfanden. Ein Atomkraftwerk zum selber Stillegen. Sprich aufessen.

DER HARRISBURGER

auch »Katastrophenleckerchen« genannt

Unsere WG vegetierte mit halber Besetzung dahin. Fetzer, Luntrus und ich marschierten in eisiger Kälte und Schneeregen in Brokdorf mit einem Transparent durch den Schlamm. Dabei knipsten uns die Jungens vom Verfassungsschutz mit wachsender Begeisterung, während Atze zu Hause mit einer Grippe im Bett lag. Gepflegt wurde er von Uwe. Uwe darf sich in der Nähe von Brokdorf nicht mehr sehen lassen – warum? Ach, das gehört jetzt nicht hierher. Uwe kochte also Grog für Atze und sich, als plötzlich die Türklingel vehement losschnatterte.

Vor der Tür stand Rosie. Angeblich hatte sie zwei Kinder von Luntrus. Die nickten brav bei der Behauptung. Im Bett sei er ja ganz gut, sagte sie, aber als Vater ein echter Versager. Okay, die Alimente kämen zwar vom Jugendamt, dafür aber pünktlich. Trotzdem hätte sie es jetzt satt. Endgültig. Sie hätte ihm alle Beteuerungen geglaubt. All die Liebesbriefe, Weihnachtspakete und der ganze Schmus könnten aber jetzt nicht mehr über seinen miesen Charakter hinwegtäuschen. Uwe bat sie herein. Er deutete an, sie möge lieber leise sprechen, weil Atze fast im Sterben läge. Sie sprach auch leise. Aber die Kinder! Es waren nicht nur zwei, sondern fünf.

Rosie war nämlich in eine WG für alleinerziehende Frauen gezogen. Dort traf sie dann Ruth, die auch ein Kind von Luntrus hatte. Den süßen kleinen Herbert. Auch sie wartete darauf, daß er sein Studium endlich abschließen konnte, um dann mit ihr Weiß-der-Arsch-wohin zu ziehen.

Die Geschichte mußte die beiden echt in Rage gebracht haben. Sie beschlossen, zusammen mit den anderen alleinerziehenden Frauen, uns all ihre Kinder für ein Wochenende zu bringen. Zwar hatten sie mit den anderen Kindern eigentlich nichts zu tun, aber erstens waren es nette Kinder, zweitens sollten wir uns nicht so kleinkariert anstellen, und drittens waren wir Männer sowieso alle gleich:

gute Rammler und schlechte Väter.

Uwe sagte noch: »Luntrus ist nicht da. Er kämpft in Brokdorf gegen die internationale Atommafia!“ Aber das hörte Rosie schon nicht mehr. Sie verschwand ins Wochenende.

Als Atze begriff, daß er nicht im Fieberwahn lag, sondern alles Realität war, stand er kurzentschlossen auf und erfand mit Uwe den *HARRISBURGER*. So hatten die Kinder ihren Spaß und aßen ohne Murren und Knurren ihr Mittagessen auf. Außerdem konnte ihnen Uwe so auf pädagogisch einfühlsame Weise klarmachen, warum Väter nicht immer Zeit für ihre Kinder haben.

Für dieses eßbare
Atomkraftwerk brauchst du:

1 Negerkuß oder Mohrenkopf
(sollte deine Freundin
zufällig eine schwarze Hautfarbe
haben, nenn das Ding
vorsichtshalber Schokoladenkuß
oder Schokoschaumrosette.
Ihr wißt dann beide,
wovon die Rede ist,
aber es klingt weniger
rassistisch)
Löffelbiskuit
Bahlsen-Keks
oder andere Grundlage
Zucker
Wasser

Es geht alles wie immer sehr schnell.
Du rührst den Zucker in einem Schnapsglas mit wenigen Wassertropfen zu einer klebrigen Masse.
Mit diesem eßbaren Klebstoff pappst du den Mohrenkopf – äh, ich meine, die Schokoladenschaumrosette auf den Keks. Das Ganze sieht jetzt schon aus wie die Rundkuppel eines Atomkraftwerks, Marke Schneller Brüter. Nun noch rasch den Kühlturm dran kleben. Das schaffst du spielend mit dem senkrecht aufgestellten Löffelbiskuit.

Für Leute, die ganz schwer von Begriff sind, umseitig die Zeichnung.

Das *AKW* ist fertig. Unser *HARRISBURGER* harrt seiner Vernichtung.

Auf Kinderparties ist dieser kleine, dekorative Scherz recht beliebt. Da aber nicht alle Kinderladen-Kinder gleich mit der Faust auf den Schokokuß draufhauen, um das *AKW* stillzulegen, sondern einige es auch schlicht und einfach essen, darfst du auf keinen Fall statt Zuckerwasser Uhu nehmen.

Uhu verklebt bewiesenermaßen den Magen und schadet nach neuesten Untersuchungen dem kindlichen Appetit.

Drinks ohne Alkohol

Wie Tarzan PUMA, DAS GESÖFF FÜR VERSTÖRTE RAUBTIERE erfand

Etwas Furchtbares war geschehen. Jane hatte sich verliebt. Ach, was sage ich, verliebt. Total verschossen hatte sie sich. Nein, nicht in Tarzan. In einen schrägen Vogel namens Puma. Keiner von uns kannte diesen Wilderer.

Sofort entstand eine Duellsituation. Tarzan gegen Puma. Ein Fight auf Leben und Tod.

Tarzan suchte ihn im Dickicht der Vorstadtkneipen, im Blitzlichtgewitter der Neonröhren. Wohin Tarzan auch kam, lange vor ihm war Puma dortgewesen. Die Szenefreaks pfiffen leise durch die Zähne, wenn sie seinen Namen aussprachen: Puma . . .

Auch einige Kneipjees gedachten seiner mit einer Mischung aus Respekt und Furcht. Tarzan wurde langsam bange. Er stellte sich Puma nicht nur schnell, energiegeladen und aggressiv vor, sondern auch noch riesig groß.

Immer öfter begann Tarzan davon zu reden, daß die althergebrachte Zweierbeziehung sowieso out sei. Warum sollte nicht jeder nebenbei noch eine Geschichte laufen haben . . .

So kannten wir Tarzan gar nicht. Er galt vorher als geradezu krankhaft eifersüchtig, mit Neigung zu Tobsuchtsanfällen, Selbstzweifeln und Depressionen.

Tarzan lud über Jane Puma zu sich ein. Er wollte die Sache ein für alle Mal klären. Schließlich waren sie erwachsene Männer. Tarzan wollte ein Gentlemen's Agreement vorschlagen, wie er das nannte. Gemeint war damit: Wenn Jane mit anderen Männern pennt, muß sich Tarzan deswegen ja nicht von denen verprügeln lassen.

Weil Raubtiere mit vollem Magen weniger angriffslustig sind, gab Tarzan sich mit dem Kochen Mühe. Er war bereit, seinen Konkurrenten dick und doof zu mästen. Jane fand es »auch echt irrsinnig wichtig, daß die beiden sich mal beschnuppern«. Und Tarzan stieg in ihrem Ansehen, weil er sich so emanzipiert zeigte und so wenig chauvihaft.

Diese ganze Macho-Konkurrenzscheiße, den Penisneid und all diesen Blödsinn hielt Jane für reines urwaldmäßiges Instinktverhalten und der modernen Industriegesellschaft für geradezu idiotisch unangemessen.

Tarzan und Jane waren einer Meinung wie selten, bis dann das Essen auf dem Tisch stand und Tarzan Puma zum ersten Mal sah.

Er hieß nicht Puma, weil er energiegeladen war, kein kraftstrotzendes Urviech mit Killerinstinkten. O nein. Auch war er nicht groß. Geschweige denn gefährlich. Er trug ganz einfach nur aus reinem Snobismus Pumaklamotten. Er fand das besonders witzig, weil er jede Art von Sport aus ideologischen Gründen ablehnte, was man ihm auch ansah. Bevor Tarzan ihn an die Luft setzte, servierte er ihm eine Tütenbrause (Zitrone) als Aperitif. Puma trank sie dankbar im Stehen.

Das Essen verspeiste Tarzan alleine. Im Sitzen. Ohne Jane. Sie ging mit Puma, was keiner begriff.

PUMA ist der alkoholfreie Aperitif schlechthin! Normalerweise soll der Aperitif ein appetitanregendes Getränk vor dem Essen sein. Meist Sherry oder Wermut.

Ein richtiger Punkkoch braucht so was gar nicht. Nur feine Pinkel und Softies trinken, um Hunger zu bekommen. Unsereins säuft, um besoffen zu werden, und frißt, um satt zu werden. Alles dazwischen ist Showgeschäft. Unecht. Gelogen.

Wie wird nun der Aperitif gemischt, wenn du weder Sherry noch Wermut im Haus hast?

Du benötigst:

mindestens 1 Tütchen Ahoj-Brause
ein paar Schluck kaltes Wasser
bei Damengetränk 1 Strohhalm

Du nimmst ein Tütchen Ahoj-Brause, reißt es auf, schüttest Wasser rein, bis das Tütchen zum Rand voll ist.

Hier sind wir auch gleich beim ersten kritischen Punkt der Zubereitung. Wenn du jetzt statt frischem kalten Wasser warmes abgestandenes nimmst, ist der Drink verdorben.

Na, prima, du hast es geschafft und frisches kaltes Wasser erwischt.

Du denkst, du hast es geschafft? Fast. Jetzt kommt die nächste Klippe, die wir geschickt umschiffen müssen:

Du darfst jetzt nicht die Faust zu fest zusammendrücken, sonst schwappt nämlich alles heraus, und du hast die ganze Brühe zwischen den Fingern kleben. Zartgefühl ist also angesagt.

Sieh nur, wie fein die bunten Brausebläschen jetzt über den Rand prickeln.

Ich steh irre auf Waldmeister und Himbeer.

Wenn man jetzt mit der Zunge sanft über den Rand des sich langsam auflösenden Tütchens streicht, kann man den Aperitif geradezu zungenkußhaft spüren. Auch das Gefühl, wenn einem die Bläschen in die Nasenlöcher fliegen und auf der Schleimhaut langsam eintrocknen, ist saustark.

Wie alles Schöne im Leben ist auch dieser Spaß viel zu schnell vorbei. Dann sickert entweder alles durch die tropfnasse Tüte, oder das Brausepulver hat seine sprudelnde Munition verschossen und zurück bleibt nur eine schale Zuckerwasserbrühe.

Wichtig ist es also, das Zeug genau im richtigen Moment runterzugießen. Da zeigt sich der Meister. Kein Kochbuch kann dir die Mühe des Übens abnehmen.

Als typisches Damengetränk ist Ahoj-Brause aus der Tüte mit buntem Strohhalm zu empfehlen. So genießt die Punklady von Welt ihre Gaumenprickler.

Dieses alkoholfreie Getränk kann auch als Kinderbowle auf den Tisch gebracht werden. Schütte einfach alle Sorten zusammen. Mindestens zwanzig Tüten auf einen Liter Wasser. Die Farbe entwickelt sich am Ende meist gegen Rotbraun. Kurz bevor es aufhört zu sprudeln, kann bei zu starkem Gebrauch von Waldmeister alles in tiefes Lila umkippen.

Richtige Drinks zum Besoffen werden

Leider kann ich bei keinem Drink mehr sagen,
wie wir ihn erfanden.
Die Kreation eines neuen Drinks
geht leider meist mit einem Filmriß einher.
Aber die Rezepte sprechen für sich.

WIE OPA HUNDERT JAHRE ALT WURDE

oder Saufen für die Gesundheit

1 Flasche klaren Schnaps ranschaffen (den billigsten Fusel, den du für Geld kriegen kannst, halber Liter sollte nicht mehr als sieben Mark kosten, keine Sorge, wir kriegen schon Geschmack dran).
Flasche an den Hals setzen und zu dreißig Prozent leertrinken, dann
fünfzig Knoblauchzehen schälen und in die Flasche stopfen, bis nichts mehr hineingeht.
Flasche verschließen, gut durchschütteln, drei Monate stehenlassen. Fertig ist der Aufgesetzte.

Dieser Drink, morgens nach dem Frühstück genossen, ersetzt einen Kursus in waffenloser Selbstverteidigung. Du fühlst dich ständig frisch, bist gut drauf und bestens durchblutet.

DRINKS AUF WHISKYBASIS

KLAUS-PETER WOLF SPECIAL

(mein Lieblingsdrink)

zwei Drittel Whisky
ein Drittel Amaretto

alles auf Eis
bei feierlichen Anlässen mit einer Cocktailkirsche und einem Spritzer Cognac oder Calvados.

MANHATTAN
(nur anzuraten, wenn du viel Besuch hast und nicht zuviel von deinem guten Whisky verschwenden willst)

ein Drittel Whisky
ein Drittel Wermut rot
ein Drittel Wermut weiß

schmeckt auf Eis, aber auch ohne.
Falls du Eis verwendest:
schnell trinken. Verwässerter Whisky hat Spülwasserqualität. Wenn du also nur langsam daran nippen willst, weil du bei zu vielen *MANHATTAN* Kotzprobleme kriegst und heute nacht noch etwas vorhast, nimm ihn ohne Eis.

Falls du jemanden nicht leiden kannst, wirf statt einer Cocktailkirsche ein Stückchen Würfelzucker hinein. Schmeckt dann echt schauderhaft. Ohne Zuckerstückchen ist der Drink allerdings nicht zu verachten.

Wenn du keinen roten und weißen Wermut im Haus hast, nimm Wermut Dry (ist englisch und heißt trocken), so entsteht dann der berühmte *MANHATTAN DRY*. Wie viele gute Erfindungen eine reine Notlösung.

DISCO-DRINK

ein Drittel Whisky
zwei Drittel Cola
Spritzer Zitrone und viel Eis

TNT TÜRKISCH
(für Leute, die an kalten Tagen ganz schnell blau werden wollen)

zwei Drittel Whisky
ein Drittel Raki

TNT GRIECHISCH

zwei Drittel Whisky
ein Drittel Ouzo

TNT SOFT
(für die Rockerbraut)

zwei Drittel Whisky
ein Drittel Pernod oder Ricard

Beide Drinks kannst du malerisch mit Zitronenscheiben garnieren oder mit Gummibärchen.

Luntrus schwört auf ein Stückchen Schokolade im Glas. Es löst sich nicht auf, wenn man es hinterher aber langsam auf der Zunge zergehen läßt, hat man das untrügliche Gefühl, alte vertrocknete Weinbrandbohnen zu lutschen.

DRINKS AUF WODKABASIS

Vielleicht einer der berühmtesten Drinks der Welt:

BLOODY MARY

Hälfte Wodka
Hälfte Tomatensaft
(falls nicht zur Hand,
geht auch verdünnter Ketchup)
Salz
Pfeffer
(für Snobs frisch gemahlen)
Tabasco

Merke: Die *BLOODY MARY* wird immer im Shaker geschüttelt, nie im Glas verrührt, weil sich dann nämlich die Gewürze nicht mit dem Wodka verbinden.

Vermutlich ist dir das völlig schnuppe, und du hast eh keinen Shaker. Aber Wissen ist Macht.

MOLOTOW SOFT

zwei Drittel Wodka
ein Drittel Orangensaft
alles auf viel zerstoßenem Eis

Geheimtip: Im Winter schmeckt der *MOLOTOW SOFT* am besten auf frischem Schnee.

(Unbedingt den Schnee von der Straße reinholen, bevor Salz gestreut wird. Sonst versaut man sich den ganzen Drink.)

CUBAN ISLAND

zwei Drittel Wodka
ein Drittel Cointreau

Man kann den Drink in vielen Farben servieren. Man nimmt nur jeweils statt Cointreau einen anderen Likör.

WILD OCEAN

zwei Drittel Wodka
ein Drittel Heringsbrühe
(aus unserem Rezept
NORDSEE IST MORDSEE)

Mit dieser Mischung heilen die Eskimos Erkältungskrankheiten. Du bist zwar kein Eskimo, aber Probieren geht über Studieren, sagt der Sexualkunde-Lehrer.

WHITE WINTER
(wegen des geringen Alkoholgehalts auch Autofahrer-Drink genannt)

nur ein Drittel Wodka
dafür aber zwei Drittel Sprite
mit einer Zitronenscheibe
auf viel Eis.

Merke: Was Cola für den Whisky,
das ist Sprite für den Wodka.

Alle Wodka-Drinks lassen sich genausogut anstelle von Wodka mit Gin, Tequila, Aquavit oder klarem Korn anrühren.

Gratuliere Alter, du bist ein Hardliner. Wie ich dich kenne, hast du alles ausprobiert.

Jetzt hast du keine Freunde mehr und auch keine Wohnung. Deine Magenwände sind inzwischen so dünn wie dieses Papier.

Es geht dir echt dreckig. Aber Kopf hoch und nur nicht depri werden. Bald schon wird Klaus-Peter Wolf eine neue Hilfe zur besseren Lebensbewältigung schreiben. Für schlappe neun Mark achtzig erfährst du dann, wie du aus dem Schlamassel wieder rauskommst.

Bis dahin: durchhalten.